Appetizer
Englisch

Laura Armbrust, Sina Müller, Eva Wilden

Ideen und Materialien
für themenorientierte
Stundeneinstiege

 Verlag an der Ruhr

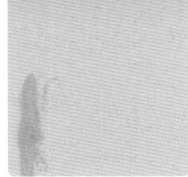

Impressum

Titel
Appetizer – **Englisch**
Ideen und Materialien für themenorientierte Stundeneinstiege

Autorinnen
Laura Armbrust, Sina Müller, Eva Wilden

Titelbildmotive
Gabel: © Artenauta; Servierglocke: © Denys Rudyi;
Flaggen: © dvarg; Ober: © rangizzz – alle Fotolia.com

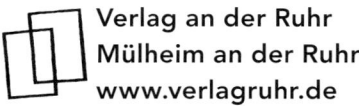

Verlag an der Ruhr
Mülheim an der Ruhr
www.verlagruhr.de

Geeignet für die Klassen 5–10

Unser Beitrag zum Umweltschutz:
Wir sind seit 2008 ein ÖKOPROFIT®-Betrieb und setzen uns damit aktiv für den
Umweltschutz ein. Das ÖKOPROFIT®-Projekt unterstützt Betriebe dabei, die Umwelt
durch nachhaltiges Wirtschaften zu entlasten. Unsere Produkte sind grundsätzlich auf
chlorfrei gebleichtes und nach Umweltschutzstandards zertifiziertes Papier gedruckt.

© Verlag an der Ruhr 2013
ISBN 978-3-8346-2398-0

Printed in Germany

Inhaltsverzeichnis

Vorwort

„Do you know what happened on my way to school today? I met a monster ...!"

Welcher Schüler* wäre nach diesem Stundenbeginn nicht interessiert daran, was der Lehrer als Nächstes zu sagen hat? Doch meist beginnen Stunden mit immer wiederkehrenden Formeln, wie: „Good morning girls and boys! Let's open your books and compare your homework." Schon sind die ersten Schüler demotiviert, da sie die Hausaufgaben nicht gemacht haben, oder gelangweilt, weil sie das Thema der letzten Stunde erneut durchnehmen müssen.

Dabei bilden Stundeneinstiege die Weichenstellung für den Verlauf der Stunde. Hier lassen die Schüler die Pause oder die vorherige Stunde gedanklich zurück und sich idealerweise auf den nun folgenden Unterricht ein. Umso wichtiger ist es für die Lehrkraft, diesen Einstieg interessant, informativ und motivierend zu gestalten. Denn wer will schon in den ersten fünf Minuten die Aufmerksamkeit seiner Schüler verlieren?

Aus diesen Gründen bietet dieses Buch eine Sammlung motivierender und kommunikativer Unterrichtseinstiege zu den gängigsten Lehrplanthemen und allen Altersstufen der Sekundarstufe I an. Die Einstiege sind zunächst nach Altersgruppen und dann nach Themen geordnet.

Es gibt jeweils eine Seite mit einer genauen Beschreibung und in den meisten Fällen noch eine zusätzliche Materialseite. Diese steht in einigen Fällen auch als farbiger Download zur Verfügung. Dann finden Sie sie hier:
www.verlagruhr.de/62398
Diese Seiten sind mit folgendem Icon gekennzeichnet:

Alle Einstiege haben den Anspruch, gemäß der bundesweiten Kerncurricula die kommunikative Kompetenz der Schüler zu trainieren und zu fördern. Schüler zu aktiven Sprechern der Fremdsprache zu machen, bedeutet, sie dazu anzuleiten, Interessen auszutauschen und Informationen zu entnehmen oder einzufordern. Die Schüler sollen in der Lage sein, Ereignisse schriftlich und mündlich zu beschreiben und sich eine Meinung dazu zu bilden sowie Gefühle zu äußern. Lese- und Schreibstrategien sollen erarbeitet und kontinuierlich geübt werden; die Zuhilfenahme von Werkzeugen, wie dem Wörterbuch, soll dabei ebenso trainiert werden, wie beispielsweise der Umgang mit Hör- und Bildmaterialien. Und überdies wird das freie Präsentieren der Schüler in unserem Unterricht immer wichtiger.

Dieses Buch möchte Sie darin unterstützen, alle diese Fähigkeiten Ihrer Schüler zu trainieren. Zu jedem Einstieg sind die jeweiligen Kompetenzen und somit der Schwerpunkt für die Übung angegeben. Diese eine Kompetenz kann natürlich nie isoliert von anderen betrachtet werden und soll Ihnen nur als Hilfestellung dienen, einen geeigneten Stundeneinstieg zu wählen.

Neben den Kompetenzen ist die Berücksichtigung des thematischen Einstiegs ebenfalls wichtig. Alle Stundeneinstiege in dieser Sammlung sind einem bestimmten Thema gewidmet. Die Inhalte sollen als Anregung dienen. Dies bedeutet, dass eine bestimmte Methode nicht nur auf ein Thema angewendet werden kann, sondern dass Sie Themen auch einfach variieren können. Wir haben bewusst schülerorientierte Themen gewählt, um das Interesse zu wecken und die Aufmerksamkeit und Konzentration aufrechtzuerhalten.

Wir wünschen Ihnen und Ihren Schülern ganz viel Spaß beim Ausprobieren der Unterrichtseinstiege.

Die Autoren

---

* Aus Gründen der besseren Lesbarkeit haben wir in diesem Buch durchgehend die männliche Form verwendet. Natürlich sind damit auch immer Frauen und Mädchen gemeint, also Lehrerinnen, Schülerinnen etc.

Klasse 5/6

School

Family

Food

Sports

Animals

Vocab Bingo 1/2

Ziel	übende Wiederholung: Vokabeln zum Wortfeld „Schule" trainieren
Kompetenzen	Äußerungen zu vertrautem Themenbereich treffen
Alter	5.–7. Klasse
Dauer	ca. 10 Minuten
Material/Medien	ggf. Bingo-Vorlage S. 7
Vorbereitung	ggf. Vokabel-Liste anfertigen

Beschreibung

1. Sie geben eine der Bingo-Vorlagen von S. 7 aus.
2. Die Schüler füllen ihr Bingo-Raster mit englischen Wörtern aus der vorgegebenen Liste in beliebiger Reihenfolge.
3. Anschließend nennen Sie die deutschen Wörter. Die Schüler überprüfen, ob sie die englische Übersetzung im Raster notiert haben. Wenn dies der Fall ist, kreuzen sie das entsprechende Feld an.
4. Hat ein Schüler vier Kreuze in einer Reihe (senkrecht, waagerecht oder diagonal), ruft er „Bingo" und gewinnt die Runde.
5. Um weiterzuüben, kann eine neue Runde beginnen.

Variante(n)

➤ Lassen Sie die Schüler ein Bingo-Raster für eine andere Vokabel-Liste in ihr Heft zeichnen. Die Liste kann sich am Lehrwerk orientieren oder eine von Ihnen vorbereitete Liste zu einem Thema sein.

➤ Nach bereits gelesenen Texten können die Schüler schwierige Wörter daraus in das Bingo-Raster übertragen. Sie lesen dann einzelne Sätze aus der Textvorlage vor und die Schüler kreuzen an, wenn sie ein Wort wiedererkennen.

➤ Lassen Sie reihum jeweils einen Schüler Sätze mit Wörtern aus einer Vokabel-Liste bilden. Geben Sie dann vor, dass dieser Schüler kein selbst genanntes Wort in seinem Bingo-Raster ankreuzen darf.

Hinweis(e)

Um Zeit zwischen den einzelnen Runden zu sparen, ist es hilfreich, wenn man die Schüler jeweils nur ein Raster ausfüllen lässt und für jede Runde eine andere Farbe wählen lässt, in der sie die Wörter markieren.

Reflexion

Im Anschluss kann über die Art und Weise und den Sinn des Vokabellernens reflektiert werden. Wie lernen Schüler Vokabeln? Was fällt ihnen leicht? Wie macht es ihnen Spaß?

Inhaltliche Weiterführung

Diese Vokabelübung eignet sich besonders als Vorbereitung auf eine anschließende Textproduktion mit den neuen Wörtern.

Bingo card 1

 Fill your bingo card with the following words:

the teacher
the school principal
the pupil
the class
the ruler
the pencil
the timetable
to learn
the sports hall
the art room
the classroom
the lesson
the break
English
maths
geography

Bingo card 2

 Fill your bingo card with the following words:

the school uniform
the pencil sharpener
the pencil case
the calculator
the school bag
the exercise book
the rubber
the vocabulary
the pen
the school day
the college
the exercise
the science lab
French
German
sports

What's in the box?

Ziel	übende Wiederholung: Vokabeln zum Wortfeld „Schulsachen" trainieren
Kompetenzen	Äußerungen zu vertrautem Themenbereich treffen
Alter	5.–6. Klasse
Dauer	ca. 15 Minuten
Material/Medien	kleine Kiste oder kleines Säckchen, Schulsachen
Vorbereitung	Material zusammenstellen

Beschreibung

1. Sie bringen eine Kiste oder ein Säckchen mit in den Unterricht. In der Kiste/dem Säckchen befindet sich ein Schulgegenstand, z.B. eine Schere, ein Lineal oder ein Stift. Dann wird gefragt: „What's in the box/bag?"
2. Die Schüler erraten durch Schütteln oder Fühlen, was in der Kiste/dem Säckchen ist. Zunächst fühlen mehrere Schüler schweigend.
3. Ein Schüler benennt z.B.: „In the box/bag there is a ruler."
4. Sie fordern den Schüler auf, verdeckt einen weiteren Gegenstand in die Kiste/das Säckchen zu packen und seine Mitschüler zu befragen, was sich darin befindet.
5. Gleiches Vorgehen. Der nächste Schüler benennt nun beide Gegenstände.
6. Die Übung geht ähnlich dem Spiel „Ich packe meinen Koffer" weiter, z.B. „In the box there is a ruler, and a pen, and a biro, and a lunch box." Beenden Sie die Übung, wenn alle Wörter ausreichend geübt wurden. Gerne können die Schüler hier die Gegenstände auch in einer anderen Reihenfolge aufsagen.

Variante(n)

➤ Diese Übung lässt sich auch gut mit Begriffen aus dem Wortfeld „Lunch" durchführen. Dafür sollten Ihre Schüler mit abgepacktem Schulfrühstück (Obst, Brote, Riegel usw.) zur Schule kommen.

➤ Sie können auch auf der verdeckten Tafelklappe einen Gegenstand nach dem anderen malen lassen. Nacheinander kommt je ein Schüler nach vorne, nennt alle bisherigen Gegenstände plus einen weiteren und zeichnet diesen danach hinzu, ohne dass die Zeichnung vom Rest der Klasse gesehen wird. Die Tafel dient dann nur der Überprüfung.

Hinweis(e)

Je länger die Übung dauert, desto konzentrierter müssen die Schüler sein. Erzielen Sie eine unvorhersehbare Abfolge an Schülern, damit ständig alle aktiv mitmachen.

Reflexion

Einige Schüler werden aufgeregt sein, wenn sie dran sind. Fragen Sie am Ende der Übung, wie sie sich dabei gefühlt haben und was ihnen Spaß gemacht hat.

Inhaltliche Weiterführung

Grammatikalisch könnte daraufhin die Konjunktion des Verbs „to be", die Anwendung von „there is/there are" oder die Pluralbildung eingeführt werden.

Classroom painter 1/2

Ziel	übende Wiederholung: Vokabeln zum Wortfeld „Klassenzimmer/Schulsachen" und Präpositionen trainieren
Kompetenzen	Äußerungen zu vertrautem Themenbereich treffen
Alter	5.–6. Klasse
Dauer	ca. 10 Minuten
Material/Medien	Vorlage S. 10
Vorbereitung	—

Beschreibung

1. Bitten Sie die Schüler, paarweise zu arbeiten.
2. Erklären Sie den Schülern den Ablauf des „Classroom painter": Beide Partner erhalten eine Kopiervorlage. Schüler A zeichnet drei weitere Gegenstände in seine Vorlage ein und beschriftet sie, ohne dass Schüler B das sieht. Dann beschreibt Schüler A die Positionen der Gegenstände und Schüler B zeichnet diese mithilfe der Beschreibungen in seine Kopiervorlage ein und beschriftet sie ebenfalls.
3. Anschließend darf er ebenfalls drei Gegenstände in seine Vorlage zeichnen und beschriften und deren Position Schüler A beschreiben. Dieser zeichnet sie ebenfalls ein und beschriftet sie.
4. Abschließend werden beide Zeichnungen miteinander verglichen. Die Gegenstände sollten an den gleichen Stellen sein.

Variante(n)

➤ Je nach Leistungsstand der Klasse können Sie die sprachlichen Hilfestellungen auf der Vorlage weglassen oder ggf. nur an schwächere Schüler austeilen.

➤ Lassen Sie stärkere Schüler nicht nur drei Vokabeln zeichnen/ schreiben, sondern entsprechend der vorgegebenen Zeit mehr.

➤ Bitten Sie die Schüler, schon genannte Vokabeln zum Wortfeld „Klassenzimmer/Schulsachen" in der zweiten Runde nicht mehr zu verwenden.

Reflexion

Sprechen Sie mit Ihren Schülern darüber, wer welche Vokabeln eingezeichnet hat, und halten Sie diese an der Tafel fest. So haben die Schüler Gelegenheit, zu überprüfen, ob sie die Vokabeln richtig geschrieben haben, und sie wiederholen das gesamte Wortfeld „Klassenzimmer/Schulsachen" erneut.

Inhaltliche Weiterführung

Lassen Sie Ihre Schüler im Anschluss an die Übung ein individuelles Fantasie-Klassenzimmer zeichnen, mit Objekten, welche die Schüler in gängigen Klassenzimmern vermissen, und bitten Sie die Schüler, diese ebenfalls zu beschriften.

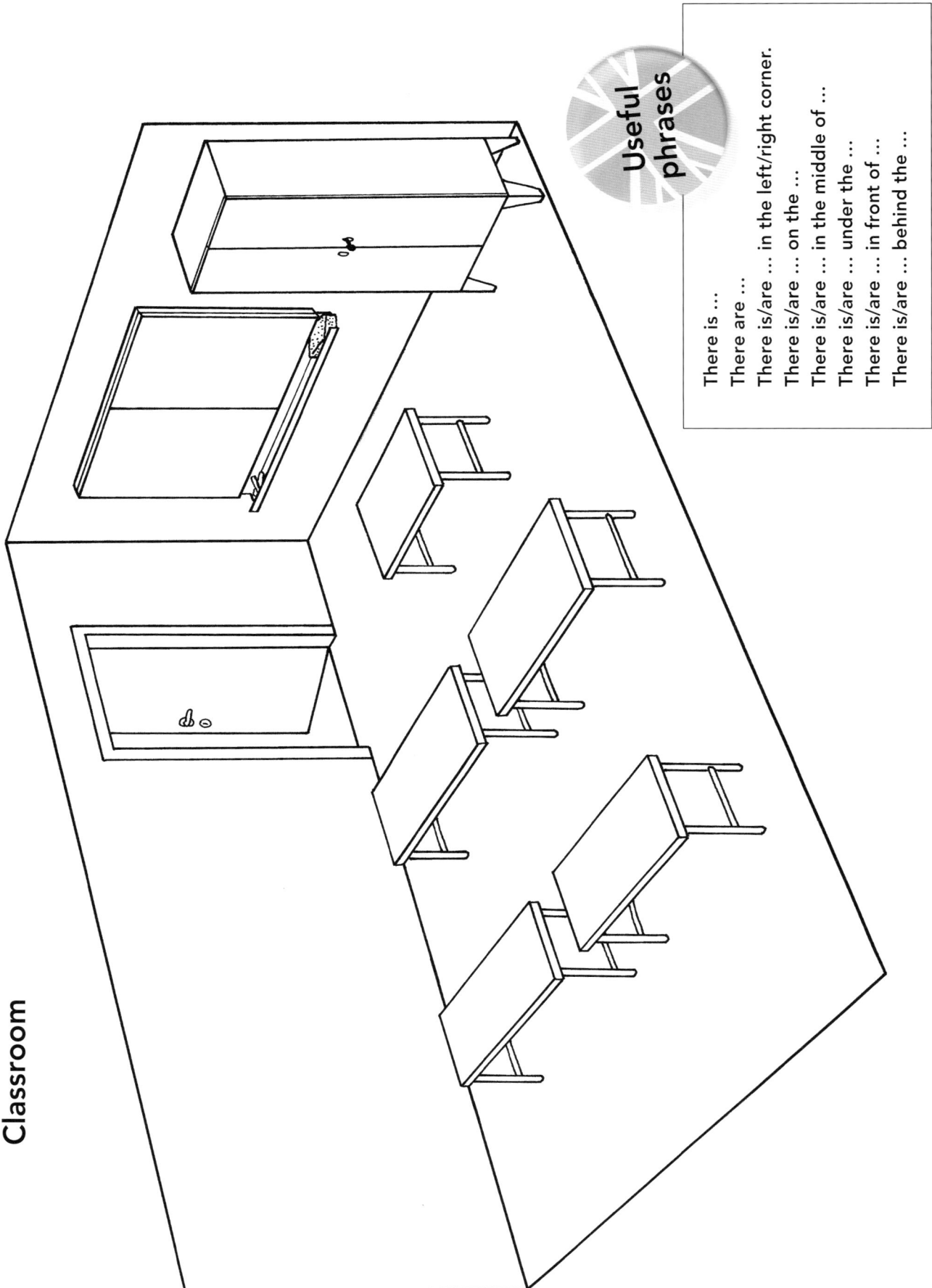

There is ...
There are ...
There is/are ... in the left/right corner.
There is/are ... on the ...
There is/are ... in the middle of ...
There is/are ... under the ...
There is/are ... in front of ...
There is/are ... behind the ...

Classroom

© Verlag an der Ruhr | Autorinnen: L. Armbrust, S. Müller, E. Wilden | ISBN 978-3-8346-2398-0 | www.verlagruhr.de

Crazy language 1/2

Ziel	übende Wiederholung: Vokabeln zum Wortfeld „Familie" trainieren
Kompetenzen	Äußerungen zu vertrautem Themenbereich treffen
Alter	5.–6. Klasse
Dauer	ca. 10 Minuten
Material/Medien	Vorlage S. 12
Vorbereitung	—

Beschreibung

1. Sie schreiben einen Satz zum Wortfeld „Family" mit verdrehten Silben als Beispiel an die Tafel (für Beispiele s. S. 12).
2. Bitten Sie zunächst die Schüler, diese Silben jeweils für sich im Heft in die richtige Reihenfolge zu bringen, und notieren Sie anschließend den Satz nach Absprache mit den Schülern für alle sichtbar an der Tafel.
3. Verteilen Sie die Satzstreifen mit den verdrehten Silben von der Vorlage und bitten Sie die Schüler, diese in die richtige Reihenfolge zu bringen.
4. Abschließend vergleichen Sie die Sätze im Klassengespräch.

Variante(n)

➤ Statt Sätze vorzugeben, können Sie die Schüler auch ihre eigenen verdrehten Sätze schreiben lassen. Zunächst sollen sie die korrekten Sätze in ihrem Heft notieren, dann jeweils auf einem Blankostreifen die verdrehten Sätze. Danach können diese Satzstreifen untereinander ausgetauscht und richtiggestellt und abschließend gegenseitig in Partnerarbeit kontrolliert werden.

➤ Das Vokabelüben mit verdrehten Silben kann auch auf andere Lehrplanthemen angewendet werden.

Hinweis(e)

Geben Sie ggf. besonders schnellen Schülern die Option, eigene Sätze für ihre Mitschüler zu schreiben.
Lösungen finden Sie auf S. 95.

Reflexion

Im Anschluss an die Übung kann der Fokus auf die Wortlängen im Englischen gelenkt werden. Was ist eine Silbe? Woran kann ich diese erkennen? Wie ist das Verhältnis von Silbe zu Wort im Englischen? Gerade wenn die Schüler ihre eigenen verdrehten Sätze formuliert haben, sollte auffallen, dass im Englischen verglichen mit dem Deutschen mehr Worte nur aus einer Silbe bestehen.

Inhaltliche Weiterführung

Eine schriftliche Beschreibung der Schülerfamilien könnte an diese Übung anschließen.

1. MYEVERYMOCOOKSSOUPTHERDAY.

2. BEN,MYTHERBRO,THELIKESPLAYTOANOPI.

3. MYCLIMBSCOUGILLSQUIRFASTHANTERARELSIN.

4. MYHEWCRIESNEPWHENHESADIS.

5. HIS-MAGRANDCELPLAYSTHELO-BUTNOTNICEVERY.

6. HERSUNCHILPLAYDRENFOOTGRANDBALLONDAYS.

7. MYSINGSCHOAUNTINAIR.

8. ANDTENCLEMYUNHATESTOLISTOSICMU.

Your own crazy sentence:

---

1. MYOLDYEARSIS46MUM.

2. MYWELLTHEPLAYSTARVERYNEPHEWGUI.

3. MYPARMALIKESDANCETIESGRANDTOAT.

4. ERICAL,MYTHERBRO,ISWAYSAFSCHOOLTIREDTER.

5. MYHASHAMTERASTERLIKESVERYSISANDITMUCH.

6. DADHOURSWAYSCHESTVFORALWAT.

7. BUTATWATCHCLEDOESMYNOTTVUNALL.

8. HISBADSAYSISEYESWATCHINGTVFORHISWIFETHAT.

Your own crazy sentence:

© Verlag an der Ruhr | Autorinnen: L. Armbrust, S. Müller, E. Wilden | ISBN 978-3-8346-2398-0 | www.verlagruhr.de

Having a domestic fight 1/2

Ziel	übende Wiederholung: Vokabeln zum Wortfeld „Gefühle" trainieren
Kompetenzen	ein Foto beschreiben und darauf bezogene Gefühle zum Ausdruck bringen
Alter	5.–6. Klasse
Dauer	ca. 10 Minuten
Material/Medien	Folie S. 14
Vorbereitung	—

Beschreibung

1. Die Schüler beschreiben im Klassengespräch das Bild, das sie auf der Folie sehen.
2. Fragen Sie die Schüler, wie sich die Personen auf dem Foto wohl gerade fühlen, und sammeln Sie die Adjektive an der Tafel (z. B. „unhappy", „sad", „angry", „worried").
3. Fordern Sie die Lernenden auf, Paare zu bilden und sich gemeinsam die Rolle der Eltern, des Mädchens oder des Jungen auszusuchen.
4. Die Schüler überlegen sich entweder, worüber sich die Eltern streiten, oder was das Mädchen bzw. der Junge in dieser Situation denkt.
5. Sie machen sich Notizen für ein kurzes Streitgespräch der Eltern bzw. einen Gedankenstrom eines Kindes und tragen diese anschließend der Klasse vor.

Variante(n)

➤ Verdrehen Sie die Situation, indem die Schüler sich vorstellen, die Kinder würden sich streiten und die Eltern wortlos in die Kamera sehen. Analog zum oben geschilderten Vorgehen entwickeln die Schüler ein Streitgespräch zwischen den Geschwistern bzw. die Gedankengänge der Eltern und stellen diese der Klasse vor.

➤ Sofern die Klasse schon das Wortfeld „Körper" gelernt hat, können Sie dies in Schritt 2 wiederholen: Bitten Sie die Schüler, zu erklären, wieso man an der Körpersprache die Gefühlslage der Kinder auf dem Foto erkennen kann („Why does the body language tell you that the girl is sad?" – „I can see that the girl ist sad because …').

Hinweis(e)

Führen Sie ggf. in Schritt 1 oder 2 die Phrase „to have a (domestic) fight" ein. Achten Sie darauf, dass die Schüler die Redemittel aktiv verwenden.

Nehmen Sie ggf. Rücksicht auf Schüler, die familiäre Probleme haben.

Reflexion

Überlegen Sie mit den Schülern, was die Kinder auf dem Foto in einer solchen Situation möglicherweise tun könnten, damit sie sich wieder besser fühlen.

Inhaltliche Weiterführung

Die Übung eignet sich zur Vorbereitung einer kreativen Schreibübung, z. B. schreiben die Schüler eine Geschichte über einen Familienstreit und dessen gutes Ende.

© Verlag an der Ruhr | Autorinnen: L. Armbrust, S. Müller, E. Wilden | ISBN 978-3-8346-2398-0 | www.verlagruhr.de

Useful phrases

In the photo I can see a ...
There is a .../There are ...
In the foreground .../In the background ...
On the left .../On the right ...
In the middle ...
She looks .../He looks .../They look ...
I think they feel .../Perhaps she feels .../Maybe he thinks ...
He feels ... because ...

Find someone who ... 1/2

Ziel	übende Wiederholung: Fragenbildung mit „Have you got ...?" und „Do you ...?"
Kompetenzen	Auskunft über sich und andere Personen geben, Fragen stellen und beantworten
Alter	5. Klasse
Dauer	ca. 15 Minuten
Material/Medien	Vorlage S. 16
Vorbereitung	—

Beschreibung

1. Teilen Sie den Fragebogen von S. 16 im Klassensatz aus.
2. Sagen Sie den Schülern, dass es ihre Aufgabe ist, ihre Mitschüler mithilfe des Fragebogens zu befragen und jeweils die Namen derjenigen Schüler zu notieren, die die Frage mit „yes" beantworten können („Have you got two brothers?", „Do you like hamburgers?", „Do you like dancing?", ...)
3. Bitten Sie die Schüler nun, im Klassenzimmer umherzugehen und die gegenseitige Befragung durchzuführen. Geben Sie eine Zeit (z. B. zehn Minuten) vor, in der die Schüler so viele andere Schüler wie möglich befragen sollen.
4. Fragen Sie die Schüler im Anschluss der Übung nach ihren Antworten, um eine aktive Unterrichtsbeteiligung zu gewährleisten und die Schüler näher kennenzulernen („Who has got two brothers? Please put your hands up").

Variante(n)

➤ Je nach Leistungsstand der Lerngruppe können sich die Schüler auch weitere Fragen überlegen, die sie ihren Mitschülern stellen wollen.
➤ Sie können die Aufgabe auch verkürzen, indem Sie die zu beantwortenden Fragen eingrenzen, z. B. auf zehn.

Reflexion

Besprechen Sie im Anschluss die grammatische Struktur der Fragenbildung im Unterrichtsgespräch.

Inhaltliche Weiterführung

Als inhaltliche Fortführung dieser Übung bietet sich die Überleitung zu den Familien im Schulbuch an. Sie können aber auch mit Ihrer Klasse Steckbriefe der einzelnen Schüler verfassen und diese dann im Klassenzimmer aufhängen.

Find someone who ...   names

1	... has got two brothers.	
2	... likes hamburgers.	
3	... likes dancing.	
4	... has got a pet.	
5	... does not like ice cream.	
6	... likes apple juice.	
7	... has got two aunts.	
8	... does not like eating breakfast.	
9	... has got one sister.	
10	... likes singing.	
11	... has got a piano at home.	
12	... does not like school.	
13	... likes maths.	
14	... has got a horse.	
15	... has got a guitar.	
16	... likes the zoo.	
17	... does not like the sun.	
18	... likes spinach.	
19		
20		

Remember:

Have you got ...?

Do you like ...?

© Verlag an der Ruhr | Autorinnen: L. Armbrust, S. Müller, E. Wilden | ISBN 978-3-8346-2398-0 | www.verlagruhr.de

Describing an animal 1/2

Ziel	Aktivierung von Vorwissen: Vokabeln zum Wortfeld „Tiere"; einführende Anleitung zur Wörterbucharbeit
Kompetenzen	Hilfsmittel zum Nachschlagen und Lernen, z. B. Wörterbücher, Grammatikbücher usw. selbstständig nutzen
Alter	5.–6. Klasse
Dauer	ca. 10–15 Minuten
Material/Medien	Folie S. 13, Deutsch-Englisch-Wörterbücher
Vorbereitung	—

Beschreibung
1. Legen Sie die Tierbilder von S. 18 auf den OHP oder geben Sie diese als Kopie aus.
2. Die Schüler beschreiben mit einem Wörterbuch ein bis drei der Tiere schriftlich.
3. Im Anschluss lesen sie ihre Beschreibungen vor, ohne dabei den Tiernamen zu nennen.
4. Der Rest der Klasse versucht, herauszufinden, welches Tier beschrieben wurde.

Variante(n)
➤ Lassen Sie die Schüler die Tiere ohne Wörterbuch beschreiben.
➤ Lassen Sie die Schüler paarweise oder in Gruppen arbeiten. Jeweils einer beschreibt mündlich ein Tier und der Partner/der Rest der Gruppe muss erraten, welches es ist.
➤ Ein Schüler wählt ein Tier aus. Der Rest der Gruppe versucht, mit Ja-Nein-Fragen herauszubekommen, welches Tier das ist. „Do you swim?" „No."; „Do you fly?" „Yes."; „Have you got feathers?" „No."; „Are you colourful?" "Yes."; „You are a butterfly." „Yes."

Hinweis(e)
Die Wörterbucharbeit eignet sich besonders dann, wenn die Merkmale der Tiere auf Englisch noch nicht besprochen wurden. Die angegebenen Varianten lassen sich in der Regel besser zur Festigung des Vokabulars verwenden.

Reflexion
Sammeln Sie an der Tafel in einer Mindmap die Merkmale von Tieren und schenken Sie neuen Wörtern besondere Beachtung (z. B. „beak", „fur", „paws", „claws", „tail" usw.).

Inhaltliche Weiterführung
Um die Kreativität zu fördern und das neu gelernte Vokabular anzuwenden, könnten die Schüler sich ihre eigenen Fantasietiere ausdenken, diese kurz skizzieren und anschließend im Format eines Zooschildes beschreiben. Abschließend könnte ein „Zoobesuch" anhand der Bilder und der Zooschilder durchgeführt werden.

Tongue twisters 1/2

Ziel	Thematische Motivation: Aussprache der Laute ɛː, iː, ʌ und eɪ
Kompetenzen	klare und deutliche Aussprache beherrschen
Alter	5.–6. Klasse
Dauer	ca. 5 Minuten
Material/Medien	Folie S. 20
Vorbereitung	—

Beschreibung

1. Legen Sie die Folie mit den Zungenbrechern auf.
2. Lesen Sie den Schülern die Zungenbrecher einmal laut vor, damit alle zu Beginn die richtige Aussprache hören können.
3. Geben Sie der Klasse Zeit, sodass jeder Schüler einige Male die Zungenbrecher vor sich hinmurmeln kann.
4. Bitten Sie einen Schüler, jeweils einen Zungenbrecher laut vorzutragen.

Variante(n)

➤ Die Schüler sollen den Zungenbrecher in unterschiedlichen Stimmungen vortragen: stolz, müde, eilig, freudig, traurig, usw.

➤ Lassen Sie weitere Wörter mit ɛː (bear), iː (bleed), ʌ (blood) oder eɪ (made) sammeln und bitten Sie die Schüler, einen eigenen Zungenbrecher zu schreiben.

Hinweis(e)

Zungenbrecher dienen in erster Linie der Aussprache. Achten Sie daher genau auf eine klare und richtige Aussprache bei Ihren Schülern. Das Üben mit Zungenbrechern eignet sich besonders als Stundeneinstieg für Stunden, in denen viel gesprochen werden soll. Es nimmt Hemmungen und bringt jede Menge Spaß.

Reflexion

Einer der häufigsten Fehler ist die falsche Aussprache von „bear", welches häufig wie „beer" ausgesprochen wird. Fragen Sie Ihre Schüler, zu welchen Missverständnissen es aufgrund einer falschen Aussprache kommen könnte und ob ihnen weitere Wörter in den Sinn kommen, bei denen besonders auf eine richtige Aussprache geachtet werden muss.

Inhaltliche Weiterführung

In dieser Stunde sollte der Fokus auf der mündlichen Sprachkompetenz liegen. Lassen Sie Ihre Schüler ein Interview, einen vorher einstudierten Dialog oder ein Rollenspiel erarbeiten, führen Sie Vorleseübungen durch o. Ä.

A BIG BLACK BUG

BIT A BIG BLACK BEAR,

MADE THE BIG BLACK BEAR

BLEED BLOOD.

A BIG BUG BIT A BOLD BALD BEAR

AND THE BOLD BALD BEAR BLED BLOOD BADLY.

SIX SLEEK, SLIPPERY SEALS SLIPPED SILENTLY ASHORE.

© Verlag an der Ruhr | Autorinnen: L. Armbrust, S. Müller, E. Wilden | ISBN 978-3-8346-2398-0 | www.verlagruhr.de

 **animals**

Ziel	übende Wiederholung: Vokabeln zum Wortfeld „Tiere" trainieren; Aussprachetraining
Kompetenzen	Anweisungen verstehen; kurze Geschichten darstellend lesen
Alter	5.–6. Klasse
Dauer	ca. 10–15 Minuten
Material/Medien	Vorlage S. 22–23
Vorbereitung	Vorlage kopieren und einzelne Streifen ausschneiden, ggf. laminieren

Beschreibung

1. Teilen Sie alle einzelnen Streifen mit den Sätzen an die Schüler aus. Haben Sie mehr Schüler in der Klasse, als Streifen vorhanden sind, so können Sie die übrigen Schüler zu Wächtern der Aussprache bestimmen. Sind es weniger Schüler als Streifen, so können Sie manchen Schülern mehr als einen Streifen geben.

2. Erklären Sie den Schülern, was die Spalten bedeuten:
   Spalte 1 = Hinweis, nach welcher Tätigkeit der jeweilige Satz vorgelesen werden muss.
   Spalte 2 = Dieser Satz muss laut vorgelesen werden.
   Spalte 3 = Hinweis, was der einzelne Schüler aktiv darstellen muss.

3. Der Schüler, bei dem in Spalte 1 die **1** steht, beginnt. Die Schüler müssen genau aufpassen, wann sie mit ihrem Satz und der entsprechenden Handlung an der Reihe sind. Dazu müssen sie die entsprechenden Hinweise in Spalte 1 aufmerksam verfolgen. Bitten Sie die Schüler, entsprechend leise zu sein und genauestens aufzupassen, damit der nachfolgende Schüler seinen Einsatz nicht verpasst.

Hinweis(e)
Achten Sie darauf, dass die Schüler die Sätze korrekt aussprechen. Es empfiehlt sich, die vorlesenden und agierenden Schüler in den Zwischenraum von Tafel und erster Schulbank zu holen, damit jeder eine gute Sicht auf die Darstellungen hat.

Reflexion
Diskutieren Sie mit Ihren Schülern, welche Tiere im Spiel vorkamen und welche Eigenschaften diesen zugewiesen wurden. Halten Sie die Ergebnisse an der Tafel übersichtlich fest, sodass die Schüler das gesamte Wortfeld „Tiere" nochmals vor Augen haben und es ggf. abschreiben können.

Inhaltliche Weiterführung
Um die Schüler zu entspannen, lesen Sie eine Geschichte zum Wortfeld „Tiere" vor und unterstützen Sie das Vorlesen mit Mimik und Gestik.

1	I live in Australia and like to eat grass.	*jump through the classroom like a kangaroo*
somebody jumps through the classroom	I can also live in Australia and I like to eat meat.	*crawl (= kriechen) through the classroom like a crocodile*
somebody crawls (= kriechen) through the classroom like a crocodile	I am afraid of it and I live on the trees and eat eucalyptus.	*climb on a chair and cower (= kauern) like a koala bear*
somebody is on a chair and cowers (= kauern)	I live far away from it in Africa but I also like trees.	*behave like a monkey and make noises*
somebody is like a monkey	I also live in Africa and I like to eat meat.	*walk and roar (= brüllen) like a lion*
somebody walks and roars (= brüllen)	I often see it. I am very big and have a trunk (= Rüssel).	*walk like an elephant and show your trunk (= Rüssel)*
somebody shows a trunk (= Rüssel)	I don't like the continent Africa because I like to swim in the sea.	*swim through the classroom like a dolphin and make noises*
somebody swims through the classroom and makes noises	I also live in the water and I like to eat fish.	*waddle (= watscheln) through the classroom like a penguin*
somebody waddles (= watscheln) through the classroom	I live near the water and I am big and white.	*move like a polar bear and roar (= brüllen)*
somebody moves like a polar bear and roars (= brüllen)	Dogs look like me. I like to eat meat.	*move like wolf and howl (= heulen)*
somebody moves like a wolf and howls (= heulen)	I am long and live on the ground.	*crawl (= kriechen) and hiss (= zischen) like a snake*
somebody crawls (= kriechen) and hisses (= zischen)	I fly away when I see it.	*fly like a bird*
somebody flies like a bird	I can also fly but I normally live in a cage.	*sit on a chair and behave and sing like a budgie (= Wellensittich)*

© Verlag an der Ruhr | Autorinnen: L. Armbrust, S. Müller, E. Wilden | ISBN 978-3-8346-2398-0 | www.verlagruhr.de

somebody sits on a chair and sings like a budgie (= Wellensittich)	I also live in a cage but I cannot fly.	be on all fours (hands and feet on the floor) and blow (= aufblasen) your chops (= Backen) like a hamster
somebody is on all fours (hand and feet on the floor) and blows (= aufblasen) his/her chops (= Backen) like a hamster	I am even smaller than it and like to eat seeds (= Samen).	be as small as you can and run like a mouse
somebody is very small and runs like a mouse	I like to eat it and I like to play.	walk and miaow like a cat
somebody miaows like a cat	I am very slow.	crawl (= kriechen) very slow like a snail
somebody crawls (= kriechen) very slow	I am very spiky (= stachelig) and I like to eat it.	walk like a hedgehog (= Igel) and present your spikes (= Stacheln)
somebody walks like a hedgehog (= Igel) and shows spikes (= Stacheln)	I often see it when I gallop.	run and neigh (= wiehern) like a horse
somebody neighs (= wiehern)	I can be a good friend of it and I often walk with it.	walk and bark (= bellen) like a dog
somebody barks (= bellen)	I also live on a farm. I produce milk.	Walk and moo (= muhen) like a cow
somebody walks and moos (= muhen) like a cow	I sometimes hide in its stable (= Stall) and I like to eat carrots.	hop and nibble (= mümmeln) like a rabbit
somebody hops and nibbles (= mümmeln)	I also live in a stable (= Stall) and I am fat.	walk and grunt (= grunzen) like a pig
somebody walks and grunts (= grunzen)	I love all animals!	Jump in the air and say "Yeeeah!"

© Verlag an der Ruhr | Autorinnen: L. Armbrust, S. Müller, E. Wilden | ISBN 978-3-8346-2398-0 | www.verlagruhr.de

Guess what ... 1/2

Ziel	übende Wiederholung: Vokabeln zum Wortfeld „Sportarten" trainieren
Kompetenzen	Äußerungen treffen und Situationen versprachlichen
Alter	5.–6.Klasse
Dauer	ca. 10 Minuten
Material/Medien	Vorlage S. 25, Tüte
Vorbereitung	Vorlage kopieren und einzelne Kärtchen ausschneiden

Beschreibung

1. Befüllen Sie eine Tüte mit den ausgeschnittenen Kärtchen (je nach Klassengröße werden die Kärtchen doppelt kopiert) und lassen Sie jeden Schüler ein Kärtchen ziehen. Die Schüler dürfen ihr Kärtchen niemandem zeigen.
2. Die Schüler überlegen sich nun, wie man die auf dem Kärtchen dargestellte Sportart pantomimisch darstellen kann.
3. Rufen Sie einen Schüler auf und lassen Sie ihn seine Sportart darstellen.
4. Bitten Sie die anderen Schüler, aufzuzeigen, wenn sie diese Sportart erraten haben.
5. Einer der Aufzeigenden darf das Rätsel auflösen. Es genügt das Nennen der Sportart.
6. Wenn er richtig liegt, ist er nun mit der Pantomime dran.

Variante(n)

➤ Die Schüler sollen in ganzen Sätzen die Pantomime lösen, z. B. „He plays football", „She swims", …
➤ Bitten Sie die Schüler, sich selbst eine Sportart zu überlegen, die dann pantomimisch dargestellt werden soll.

Hinweis(e)

Achten Sie darauf, dass Ruhe im Klassenzimmer herrscht und nicht ein Schüler den anderen die Lösung vorsagt. Hier kommt es darauf an, dass alle Schüler Zeit zum Überlegen haben und somit die Vokabeln wiederholen.
Verteilen Sie nur die Karten, deren Wortschatz für Ihre Schüler relevant ist.

Reflexion

Überlegen Sie mit Ihren Schülern, ob Bewegung beim Vokabellernen und -wiederholen helfen kann und wie Bewegungen ggf. auch für andere Vokabeln eingesetzt werden können, z. B. eine Trinkbewegung für das Verb „to drink".

Inhaltliche Weiterführung

Die Übung bietet sich an, um im Anschluss das Thema „Sport als Hobby" zu thematisieren.

soccer, football	**basketball**	 **tennis**
He/She plays soccer/football.	He/She plays basketball.	He/She plays tennis.
swimming	**badminton**	**volleyball**
He/She swims.	He/She plays badminton.	He/She plays volleyball.
 **handball**	**skiing**	**running**
He/She plays handball.	He/She goes skiing.	He/She runs.
 **long jump**	**high jump**	**golf**
He/She does long jump.	He/She does high jump.	He/She golfs.
 **horseback riding**	**gymnastics**	**bicycling**
He/She does horseback riding.	He/She does gymnastics.	He/She cycles.
 **dancing**	**chess**	**hockey**
He/She dances.	He/She plays chess.	He/She plays hockey.

© Verlag an der Ruhr | Autorinnen: L. Armbrust, S. Müller, E. Wilden | ISBN 978-3-8346-2398-0 | www.verlagruhr.de

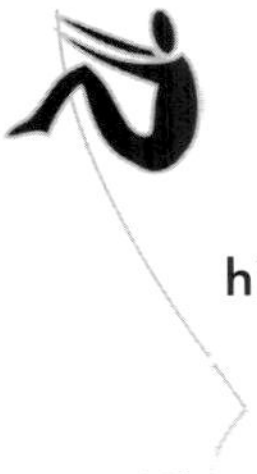

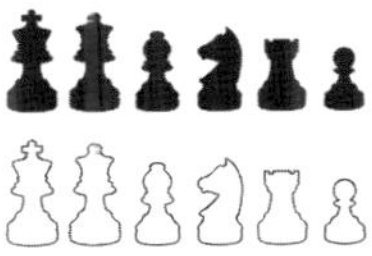

Klasse 5/6   Appetizer Englisch

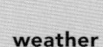

A spell of fine weather

Ziel	übende Wiederholung: Vokabeln zum Wortfeld „Wetter" trainieren
Kompetenzen	eine Fantasiesituation versprachlichen
Alter	5.–6. Klasse
Dauer	ca. 5–10 Minuten
Material/Medien	—
Vorbereitung	ggf. Redemittel zur Beschreibung des Wetters wiederholen

Beschreibung

1. Bitten Sie die Schüler, zu beschreiben, wie das Wetter heute ist. Achten Sie dabei auf eine besonders differenzierte Beschreibung und wiederholen Sie mit den Schülern ggf. entsprechende Redemittel.
2. Fordern Sie die Schüler auf, sich zurückzulehnen, die Augen zu schließen und sich auf eine Fantasiereise an ihren Lieblingsort zu begeben. Dort sollen sie sich dann ihr persönliches Traumwetter ausmalen.
3. Nach ca. zwei Minuten bitten Sie die Schüler, langsam gedanklich wieder in den Klassenraum zurückzukehren und die Augen zu öffnen.
4. Anschließend erzählen die Schüler jeweils ihrem Nachbarn, wo sie in Gedanken hingereist sind und wie dort das Wetter war.
5. Einige Schüler berichten der Klasse vom Wunschwetter an ihrem Lieblingsort.

Variante(n)

In Schritt 4 erzählen die Schüler ihrem Nachbarn vom Wetter an ihrem Lieblingsort und spielen es gleichzeitig szenisch vor (mit Geräuschen, Gesten usw.). Zur Vorbereitung dieser Variante bietet es sich an, bereits in Schritt 1 das aktuelle Wetter mit der ganzen Klasse szenisch darzustellen.

Hinweis(e)

Die Schüler sollten für diese Aktivität das Wortfeld „Wetter" sowie Redemittel zur Beschreibung des aktuellen Wetters kennen (z. B. „It is very windy today. And there is a lot of rain. The sky is grey and there are many clouds").
Die Übung eignet sich besonders für extrem heiße, regnerische oder kalte Tage.

Reflexion

Fragen Sie die Schüler, ob das aktuelle Wetter sich auf ihre Stimmung und Gefühlslage auswirkt. Überlegen Sie gemeinsam mit den Schülern, welche Gründe dies haben könnte.

Inhaltliche Weiterführung

Die Übung könnte zur Beruhigung und Entspannung der Schüler fortgesetzt werden, indem diese ihren Lieblingsort mit dem Wunschwetter malen und die verschiedenen Bildelemente beschriften.

Shopping fingers 1/2

Ziel	übende Wiederholung: Vokabeln und Phrasen aus dem Wortfeld „Einkaufen" trainieren
Kompetenzen	beim Einkaufen ein Gespräch führen
Alter	5.–6. Klasse
Dauer	ca. 10 Minuten
Material/Medien	Filzstifte, Folie S. 28
Vorbereitung	Fingerkuppen bemalen

Beschreibung

1. Malen Sie sich mit Filzstift auf beide Zeigefingerkuppen ein Gesicht (Alternative: ein Stück Tesa um die Kuppe kleben und darauf mit Folienstift das Gesicht malen).
2. Stellen Sie der Klasse die Akteure vor: „This is the shop assistant" (linker Zeigefinger). „And this is the customer" (rechter Zeigefinger).
3. Spielen Sie den Shopping-Dialog von der Folie vor. Projizieren Sie den Dialog erst dann an die Wand.
4. Bitten Sie Ihre Schüler, sich ebenfalls auf jeden Zeigefinger ein Gesicht zu malen.
5. Lassen Sie Ihre Schüler nach dem gleichen Muster einen ausgedachten Shopping-Dialog spielen. Dabei können sie nach Bedarf die unterstützenden Redewendungen benutzen.
6. Bieten Sie einigen Schülern die Möglichkeit, ihren Dialog vor der ganzen Klasse zu spielen.

Variante(n)

➤ Lassen Sie zwei Schüler mit vier Zeigefingern einen Shopping-Dialog mit zwei „customers" (z. B. Vater und Tochter), einem „shop assistant" und einem „shop manager" spielen.
➤ Sie können in stärkeren Gruppen die Folie auch weglassen.

Hinweis(e)

Achten Sie auf eine entspannte und verspielte Atmosphäre bei dieser Übung, damit alle Schüler sich trauen, in der Fremdsprache zu sprechen. Dabei darf es gern lauter werden, wenn alle Schüler gleichzeitig ihren Shopping-Dialog spielen.

Reflexion

Schließen Sie die Übung ab, indem Sie die Schüler anregen, nach Stellen im Shopping-Dialog zu suchen, die zeigen, dass es sich um eine höfliche Konversation handelt. Sammeln Sie gemeinsam mit den Schülern ein paar Höflichkeitsfloskeln exemplarisch an der Tafel (z. B. „Yes, please." Oder: „…, sir").

Inhaltliche Weiterführung

Diese Vokabelübung eignet sich zur Vorbereitung auf eine anschließende Textproduktion zum Wortfeld „Einkaufen".

Shopping fingers 2/2

© Susanne Wilden

Shop assistant: Good afternoon, sir. Can I help you?

Mr Bigfoot: Yes, please. I need a new bed for my elephant. Its bed crashed last night.

Shop assistant: I'm afraid we don't sell beds. This is a clothes shop. I can sell you a pair of jeans, a jacket, t-shirts or some socks.

Mr Bigfoot: Hm. Can I buy a warm coat then for my elephant? I don't want him to be cold tonight.

Shop assistant: Oh dear. I don't think we have got the right size. Is it a baby elephant?

Mr Bigfoot: No! He is 52 years old.

Shop assistant: I'm afraid this is the wrong shop, sir. But you could try the pet shop next door.

Mr Bigfoot: Well, then. Thank you very much!

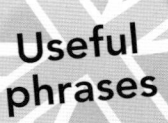

Useful phrases

Good morning./Good afternoon.

Can I help you?

I need …/I look for …/Have you got any …

Yes, of course./Here you are.

I'm afraid …/Unfortunately, …/May I suggest an alternative?

Thanks./Thank you./Thanks a lot.

Good bye./See you soon./Have a nice day.

© Verlag an der Ruhr | Autorinnen: L. Armbrust, S. Müller, E. Wilden | ISBN 978-3-8346-2398-0 | www.verlagruhr.de

Ziel	übende Wiederholung: Vokabeln und Phrasen zum Wortfeld „Lebensmittel" trainieren
Kompetenzen	mit einfachen Mitteln Gegenstände und Vorgänge des Alltags beschreiben, z. B. Rezepte
Alter	5.–6. Klasse
Dauer	ca. 5–10 Minuten
Material/Medien	weißes DIN-A3-Papier und Buntstifte, Folie S. 30
Vorbereitung	—

Beschreibung

1. Geben Sie den Schülern eine Auswahl an Gerichten mit möglichst vielen Zutaten, z. B. „Greek salad", „Ratatouille" oder „Pizza". Teilen Sie die Klasse in Gruppen ein und geben Sie jeder Gruppe ein weißes DIN-A3-Blatt. Alle Schüler benötigen bunte Stifte.
2. Bitten Sie nun die Gruppen, ein Gericht auszusuchen und eine geeignete Form (Salatschüssel, Topf, Teller usw.) ohne Inhalt zu zeichnen, in der sie später alle Zutaten wiederfinden möchten.
3. Die Schüler zeichnen nun abwechselnd eine Zutat, z. B. eine Tomatenscheibe oder ein Salatblatt, dazu und sagen, wie sie ihre Zutat vorbereitet haben („I cut my tomato and washed the salad and I am putting it in the bowl").
4. So entsteht ein gemeinschaftliches Bild, welches später den anderen Gruppen präsentiert werden kann. Dabei ist es hilfreich, einen Sprecher aus der Gruppe zu benennen und diesen das Gericht und alle Zutaten vorstellen zu lassen.

Variante(n)

➤ Jeder Schüler malt für sich ein Bild von seinem Lieblingsrezept und präsentiert einem Mitschüler die einzelnen Zubereitungsschritte. Dieser darf bei Verständnisschwierigkeiten nachfragen.
➤ Ein Schüler malt die einzelnen Zubereitungsschritte auf und ein weiterer kommentiert wie in einer Koch-Sendung die Zubereitung.
➤ Lassen Sie die Folie weg.

Hinweis(e)

Achten Sie darauf, dass die Schüler während der Gruppenarbeitsphase die englische Sprache anwenden. Zu schnell sind sie dazu geneigt, sich in das einfachere Deutsch fallen zu lassen. Auch Fragen oder Anregungen in der Gruppe können in der Fremdsprache geäußert werden.

Reflexion

Immer mehr Schüler reagieren auf einige Lebensmittel allergisch. Besprechen Sie, wann es hilfreich ist, zu wissen, was in einem Gericht enthalten ist, und wie man danach fragen kann.

Inhaltliche Weiterführung

Lassen Sie die Schüler einen Dialog im Restaurant erarbeiten und präsentieren. Liefern Sie Impulse, z. B. einen besonders schwierigen Gast oder ein Spezialitätenrestaurant.

Useful cooking phrases

I washed …	a cucumber	
I peeled …	peppers	and I am putting it in the bowl.
I cut …	onions	
I sliced …	tomatoes	and I am sprinkling it over the vegetables.
I opened …	mushrooms	
I fried …	courgettes	and I am mixing it in.
I boiled …	aubergines	
I cooked …	salami	and I am pouring it over the salad.
	ham	
	cheese	and I am stirring it.
	feta cheese	
	a jar of olives	
	a bottle of oil	
	a bottle of vinegar	
	salt	
	pepper	

© Verlag an der Ruhr | Autorinnen: L. Armbrust, S. Müller, E. Wilden | ISBN 978-3-8346-2398-0 | www.verlagruhr.de

Appetizer Englisch | Klasse 5/6 |

Ziel	übende Wiederholung: Vokabeln zum Wortfeld „Gemüse" trainieren
Kompetenzen	Wörter aus einem gesprochenen Text isolieren/verstehen
Alter	5.–6. Klasse
Dauer	ca. 5–10 Minuten
Material/Medien	2 Fliegenklatschen, Folie S. 32
Vorbereitung	—

Beschreibung

1. Projizieren Sie die Folie an die Wand. Teilen Sie die Klasse in zwei Teams ein.
2. Je einer pro Team kommt mit jeweils einer Fliegenklatsche nach vorn.
3. Lesen Sie eine Geschichte vor, in der das abgebildete Gemüse vorkommt (siehe z. B. Text unten). Hören die Schüler eine Gemüsesorte, klatschen sie diese auf der Wand ab. Nach jedem richtigen Abklatschen kommen die nächsten im Team an die Projektion.
4. Es werden die richtig und zuerst abgeklatschten Wörter gezählt. Gewonnen hat das Team, das am schnellsten die meisten Gemüsesorten richtig abgeklatscht hat.

Variante(n)

Alternativ zur Geschichte können Schüler von Familienvorlieben berichten.

Hinweis(e)

Die Schüler sollten ruhig und konzentriert sein.

Reflexion

Im Anschluss kann besprochen werden, was bei der Isolation der Wörter schwierig war.

Inhaltliche Weiterführung

Im Anschluss an diese Übung eignen sich besonders gut Höraufgaben.

Miss Butterscotch is a very fine chef. She always chooses the finest ingredients for her dishes. But she also has a very difficult family. Her daughter Annie is allergic to tomatoes so they never have spaghetti Bolognese. Her son Ben loves all dishes with tomatoes and peppers. At the market Miss Butterscotch finds everything she needs. Especially the onions are always very tasty. Mister Butterscotch loves pumpkins. Miss Butterscotch decides to make a pumpkin soup for Wednesday. She always puts carrots in it, too. But she needs to be careful because Ben doesn't like too many carrots in the soup and he hates mushrooms. Miss Butterscotch dreams of creating her own dishes with lots of vegetables. She likes to cook a soup with tomatoes and potatoes. And green beans are her favorites. But is it nice to cook tomatoes and green beans? In her dreams it is very tasty. She also puts some sliced onions. She stirs the soup very carefully and is very satisfied with her cooking. Especially the green beans are great in the soup. She takes a spoon, dips it in the soup, she raises the spoon to her mouth and just when she wants to try her tomato-potato-soup Ben enters the door and asks for an orange juice. Poor Miss Butterscotch – it was only a dream.

© Verlag an der Ruhr | Autorinnen: L. Armbrust, S. Müller, E. Wilden | ISBN 978-3-8346-2398-0 | www.verlagruhr.de

I spy fruits and greens 1/2

Ziel	übende Wiederholung: Vokabeln aus den Bereichen „Adjektive" und „Obst und Gemüse" trainieren
Kompetenzen	Informationen erfragen
Alter	5.–6. Klasse
Dauer	ca. 5 Minuten
Material/Medien	Folie S. 34
Vorbereitung	—

Beschreibung

1. Legen Sie die Folie mit den „fruits and greens" auf.
2. Spielen Sie mit den Schülern ein- oder 2-mal „I spy with my little eye" (= Ich sehe was, das du nicht siehst) nach dieser Vorlage: „I spy with my little eye a fruit and it is long and tastes very sweet." Oder: „I spy with my little eye a vegetable and it is round and green."
3. Die Schüler erraten nun, welches Obst bzw. Gemüse Sie meinen.
4. Anschließend spielen die Schüler einige Runden mit ihrem Sitznachbarn. Sie können dabei alle Adjektive verwenden, die passen und ihnen einfallen.

Varianten

➤ Die Schüler gehen während des Spiels durch den Raum und spielen jede Runde mit einem anderen Partner (jeder darf einmal „I spy .. " sagen).

➤ Nennen Sie statt Geschmack, Form usw. jeweils nur den Anfangsbuchstaben („I spy with my little eye something that begins with o …").

➤ Wiederholen Sie zu Beginn des Spiels noch einmal die Vokabeln für Obst und Gemüse, indem Sie auf eine Abbildung zeigen und die Klasse das Wort flüstert/ruft/mit tiefer oder hoher Stimme sagt usw.

➤ Die Schüler zählen Punkte für jedes richtig geratene Obst/ Gemüse. Wer am Ende die meisten Punkte hat, hat gewonnen.

Hinweise

Die Schüler sollten die nötigen Adjektive („round", „red", „sweet" usw.), Obst- und Gemüsesorten kennen. Schreiben Sie ggf. zu Beginn noch einige der nicht so gängigen Sorten an (z. B. „quince", „asparagus", usw.). Achten Sie darauf, dass die Schüler in ganzen Sätzen fragen und nicht nur die Obst-/Gemüsesorte nennen.

Reflexion

Schauen Sie mit den Schülern alle abgebildeten Obst- und Gemüsesorten durch und fragen Sie, welche davon die Schüler schon einmal gegessen haben bzw. ob alle Sorten bekannt sind. Überlegen Sie mit der Klasse, welche der abgebildeten Sorten in Deutschland (oder Europa) wachsen und welche importiert werden müssen.

Inhaltliche Weiterführung

Die Übung eignet sich zur Vorbereitung eines Rollenspiels zum Thema „Auf dem Markt".

© Elena Schweitzer – Fotolia.com

© Verlag an der Ruhr | Autorinnen: L. Armbrust, S. Müller, E. Wilden | ISBN 978-3-8346-2398-0 | www.verlagruhr.de

Useful phrases

I spy with my little eye a vegetable/fruit and it is …
round/long/oval/small/big/soft/hard/dry/juicy/red/green/
purple/yellow/brown/blue/orange/black
… it tastes … sweet/bitter/salty/sour
Is it a/an …?
Do you mean the …?
I think it is a/an …
It is the …

Food Memory® 1/2

Ziel	übende Wiederholung: Vokabeln zum Wortfeld „Lebensmittel" sowie die grammatischen Strukturen zu „like"/„don't like" festigen
Kompetenzen	Vorlieber und Abneigungen äußern
Alter	5.–6. Klasse
Dauer	ca. 10–15 Minuten
Material/Medien	Kärtchen von Vorlage S. 36
Vorbereitung	Vorlage kopieren und einzelne Kärtchen ausschneiden, ggf. laminieren

Beschreibung

1. Die Schüler bilden Paare an einzelnen Tischen.
2. Teilen Sie die Memory®-Karten mit der nicht bebilderten Seite nach oben aus.
3. Die Schüler mischen die Karten und legen sie umgekehrt auf dem Tisch aus.
4. Nun decken sie abwechselnd jeweils zwei Karten auf und versuchen, ein Foto mit dazu passendem Begriff zu finden. Sobald ein Schüler ein richtiges Paar gefunden hat, soll er eine Aussage darüber treffen, ob ihm das Lebensmittel schmeckt oder nicht („I like", „I don't like").
5. Gewinner des Spiels ist, wer am meisten passende Kärtchen ergattert hat.

Variante(n)

➤ Je nach Klassengröße können Sie das Spiel auch in Vierergruppen spielen lassen.

➤ Bitten Sie je nach Leistungsstand der Lerngruppe stärkere Schüler, ihre Sätze im Anschluss an das Spiel zu verschriftlichen.

➤ Sie können die Kärtchen mit den Fotos der Lebensmittel an die Schüler austeilen, die Begriffe hängen Sie (z. B. mit Tesafilm) an die Tafel. Bitten Sie jeden Schüler einzeln und nacheinander, an die Tafel zu kommen, das entsprechende Kärtchen dem Begriff zuzuordnen und sich darüber zu äußern, ob er das Lebensmittel gerne mag oder nicht.

Reflexion

Überlegen Sie mit Ihren Schülern, ob Bilder beim Vokabellernen und -wiederholen helfen und wie sie auch über das jetzt besprochene Wortfeld hinaus eingesetzt werden können. Fragen Sie danach, welchen Schülern diese Art von Vokabellernen hilft. Sie bekommen dadurch einen guten Eindruck, wer welcher Lerntyp ist.

Inhaltliche Weiterführung

Um den auditiven Lerntyp anzusprechen, können Sie im Anschluss an die Übung den Schülern einen Hörtext zum Thema vorspielen und die Schüler bitten, die jeweils genannten Vokabeln zu notieren und in einem zweiten Schritt zu zeichnen.

apple		ham
cheese		bread
carrot		tomato
cake		milk
water		meat
pepper		pear

Appetizer Englisch   Klasse 5/6

© Aleksejs Pivnenko; © manulito; © ghoststone; © felinda; © line-of-sight;
© Britta Laser; © Marina Lohrbach; © Falzbeil; © Claudio Bald ni;
© MarcoBagnoli Elflaco; © Leszek Ogrodnik; © unpict – alle Fotolia.com

© Verlag an der Ruhr | Autorinnen: L. Armbrust, S. Müller, E. Wilden | ISBN 978-3-8346-2398-0 | www.verlagruhr.de

Klasse 7/8

Tales

London

Music

First Love

Mass Media

School-ish or fool-ish

Ziel |	Thematische Motivation: Thema „Schulsysteme im englischsprachigen Ausland" vorbereiten
Kompetenzen |	eigene Ansichten begründend erklären und zu Standpunkten anderer Stellung nehmen
Alter |	7.–8. Klasse
Dauer |	ca. 10–15 Minuten
Material/Medien |	—
Vorbereitung |	—

Beschreibung

1. Die Schüler setzen sich in Dreier- bzw. Vierergruppen zusammen.
2. Im Sinne der „Buzz Groups" (siehe Hinweis) sollen sich die Schüler zum Thema „Our idea of a perfect school" Gedanken machen und innerhalb ihrer Diskussionsgruppe Ideen austauschen und erörtern.
3. Lassen Sie die Schüler einen Sprecher ihrer jeweiligen Gruppe bestimmen, der im Anschluss die Zusammenfassung im Plenum vorträgt.

Variante(n)

➤ Bitten Sie die Schüler, je nach Leistungsstand der Klasse, ihre Ergebnisse schriftlich festzuhalten.
➤ Im Vorgriff auf die Stunde können Sie die Schüler bitten, sich zu Hause Gedanken über die perfekte Schule zu machen und sich Notizen zu machen. Auch den nötigen Wortschatz können sie vorbereiten.

Hinweis(e)

Eine „Buzz Group", auch Murmel- oder Tuschelgruppe genannt, besteht aus einer kleinen Runde von Diskussionsteilnehmern, die sich zu einer bestimmten Basis (Statement, Problem usw.) Gedanken machen und die Ideen auf einen gemeinsamen Nenner bringen soll, um sie im Anschluss der Großgruppe zu präsentieren.

Reflexion

Reflektieren Sie mit Ihren Schülern, wie eine Schule aussehen müsste, damit sie für jeden Schüler motivierend ist. Nutzen Sie diesen Austausch als Einstieg für die Einheit „Schulsysteme im englischsprachigen Ausland".

Inhaltliche Weiterführung

Stellen Sie den Schülern im Anschluss an diese Übung z. B. das englische oder amerikanische Schulsystem vor und diskutieren Sie über Gemeinsamkeiten und Unterschiede in Bezug auf das deutsche Schulsystem und in Bezug auf die zuvor genannten Vorstellungen.

Once upon a time ... 1/2

Ziel	thematische Motivation: ein selbst ausgedachtes Märchen erzählen
Kompetenzen	eine kurze Geschichte erfinden und erzählen
Alter	7.–8. Klasse
Dauer	ca. 10 Minuten
Material/Medien	„Prompt cards" von Vorlage S. 40
Vorbereitung	Karten kopieren und ausschneiden, ggf. laminieren

Beschreibung

1. Die Schüler setzen sich in kleinen Gruppen (bis vier Schüler) in einen Stuhlkreis.
2. Erklären Sie, dass die Schüler gemeinsam ein Märchen erfinden sollen und Karten mit Begriffen bekommen, von denen sie in jedem Satz einen unterbringen müssen.
3. Die „prompt cards" werden unter den Schülergruppen gleichmäßig verteilt (pro Gruppe einmal sämtliche Karten der Vorlage).
4. Geben Sie eine Zeit vor, in der die Geschichte möglichst ohne Unterbrechung fortgeführt werden muss.
5. Der erste Schüler beginnt mit der Formel „Once upon a time ..." und beendet den Satz mithilfe einer seiner Karten.
6. Nun fügt jeder Schüler reihum einen weiteren Satz hinzu.
7. Die Schüler spinnen ihr Märchen weiter, bis die von Ihnen vorgegebene Zeit (ca. drei Minuten) vergangen ist oder sie keine Karten mehr haben.

Variante(n)

➤ Statt mit ganzen Sätzen kann die Geschichte pro Schüler auch mit halben oder mit einzelnen Wörtern weitergeführt werden.

➤ Alternativ können alle Karten einem Schüler gegeben werden. Dieser schaut sie sich verdeckt an. Die restlichen Schüler der Gruppe erzählen ein Märchen und versuchen, dabei typische Märchenwörter zu benutzen. Immer wenn ein Wort von den „prompt cards" gesagt wurde, wird diese Karte offen hingelegt. Ziel ist es, alle verdeckten Karten aufzudecken.

Hinweis(e)

Achten Sie auf einen durchgehenden Sprachfluss. Der Fokus bei dieser Übung liegt mehr auf der Mündlichkeit als auf der Grammatik. Seien Sie großzügig mit Fehlern.

Reflexion

Die Schüler kennen die Textsorte Märchen schon aus dem Deutschunterricht. Nun können sie auch im Englischen darüber reflektieren, was ein Märchen ausmacht und wozu solche Geschichten dienen können. Sie sollen auf die wichtige Funktion der Lehre eines Märchens kommen und überprüfen, welche Lehre sich aus ihrem Märchen ziehen lässt.

Inhaltliche Weiterführung

Lesen Sie ein bekanntes Märchen mit den Schülern.

magic wand

apple

crown

princess

witch

castle

forest

moon

horse

fairy

dwarf

carriage

Appetizer Englisch | Klasse 7/8

© Verlag an der Ruhr | Autorinnen: L. Armbrust, S. Müller, E. Wilden | ISBN 978-3-8346-2398-0 | www.verlagruhr.de

The London Eye 1/2

Ziel	Thematische Motivation/Vorwissen aktivieren: London
Kompetenzen	landeskundliches Wissen aufbauen
Alter	7.–8. Klasse
Dauer	ca. 5 Minuten
Material/Medien	Folie S. 42
Vorbereitung	—

Beschreibung

1. Legen Sie die Folie auf den OHP. Verdecken Sie dabei das London Eye und die Überschrift. Fragen Sie die Schüler, was sich hinter dem Bilderrätsel verbergen könnte.
2. Die Schüler versuchen, zu erkennen, dass es sich um das London Eye handelt; auch eine rein wörtliche Übersetzung des Bilderrätsels ist zulässig. Fragen Sie nach, was das ist.
3. Lösen Sie das Rätsel auf, indem Sie das Foto aufdecken.

Variante(n)

Lassen Sie die Schüler zu vorgegebenen landeskundlichen Themen ihre eigenen Bilderrätsel zeichnen.

Hinweis(e)

Das London Eye ist derzeit das größte Riesenrad der Welt und steht an einer zentralen Stelle in London. Dies ermöglicht einen spektakulären Blick über ganz London während der 30–40 Minuten langen Fahrt. Es wurde zur Millenniumsfeier im Jahr 2000 erbaut.

Reflexion

Fragen Sie nach, warum das London Eye so heißt.
Wer kann hier was sehen?

Inhaltliche Weiterführung

Diese Stundeneinführung dient der Auseinandersetzung mit der Großstadt London. Lassen Sie Ihre Schüler von ihren Vorerfahrungen aus der Stadt berichten oder führen Sie wichtige Sehenswürdigkeiten, Merkmale oder Traditionen aus der Stadt neu ein.

The London Eye 2/2

\+

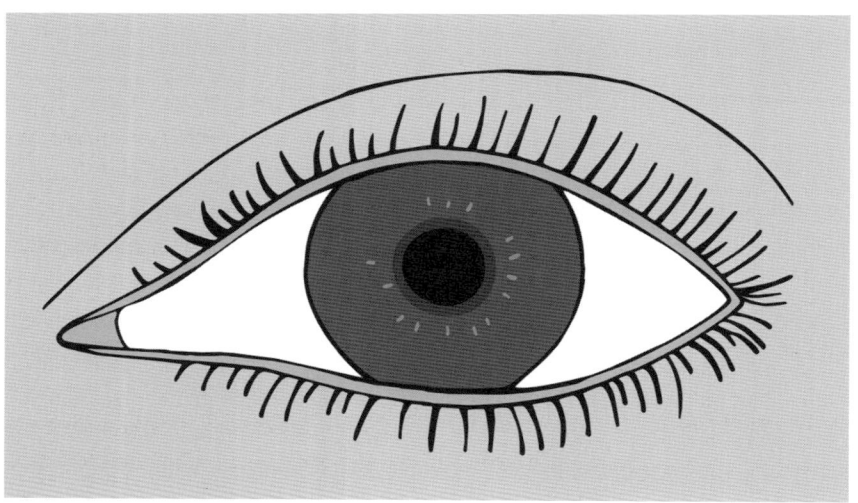

\=

Appetizer Englisch Klasse 7/8

© Verlag an der Ruhr | Autorinnen: L. Armbrust, S. Müller, E. Wilden | ISBN 978-3-8346-2398-0 | www.verlagruhr.de

New York, New York

Ziel	Verknüpfung von Bekanntem mit neuem Stoff: das Wortfeld „New York"
Kompetenzen	ein Gespräch führen, eine Geschichte versprachlichen
Alter	7.–8. Klasse
Dauer	ca. 10 Minuten
Material/Medien	Folie S. 44, ggf. Wörterbücher
Vorbereitung	—

Beschreibung

1. Legen Sie die Folie mit dem New York-Wordle™ (zum Wordle™ siehe Hinweise) auf, welches aus dem Songtext von „New York" von Alicia Keys erstellt wurde.
2. Teilen Sie die Schüler in Vierergruppen ein. Fordern Sie sie auf, pro Gruppe fünf Wörter aus dem Wordle™ auszusuchen (außer „new" und „york"), die für sie besonders zu New York passen. Stellen Sie ggf. Wörterbücher als Hilfe bereit.
3. Fordern Sie die Gruppen auf, sich eine Geschichte über New York auszudenken, in der alle fünf Wörter vorkommen, die aber nur einen Satz lang sein darf.
4. Anschließend stellen alle Gruppen ihre Ein-Satz-Geschichte vor.

Variante(n)

➤ Bereiten Sie ein eigenes Wordle™ zu einem anderen Song vor, der Bezug auf New York nimmt. Die meisten Liedtexte finden Sie online.

➤ Bearbeiten Sie mit den Schülern anschließend den gesamten Liedtext (bzw. Auszüge) und spielen Sie den Song vor.

Hinweis(e)

Wordle™ ist ein kostenfreies und sehr leicht zu bedienendes Online-Tool, mit dem Sie aus Texten Wortwolken erstellen können. In der Wortwolke richtet sich die Größe der Wörter nach der Häufigkeit ihres Auftretens im Text: Je häufiger ein Wort im Text vorkommt, desto größer erscheint es in der Wortwolke. Erstellen Sie Ihr eigenes Wordle™, indem Sie auf der Webseite (www.wordle.net) auf „Create" klicken, einen Text in das leere Feld kopieren und auf „Go" klicken. Es lassen sich zudem auch die Ergebnisse einer Klassenumfrage mithilfe von Wordle™ grafisch darstellen. Klicken Sie auf der Wordle™-Webseite auf „Advanced", geben Sie die Wörter und die Häufigkeit ihrer Nennung wie folgt jeweils durch Return getrennt ein: Wort:Häufigkeit (Beispiel: liberty statue:9). Klicken Sie auf „Go".

Reflexion

Wählen Sie einige negativ konnotierte Wörter aus dem Wordle™ aus (z. B. „sirenes", „noise", „concrete") und besprechen Sie mit den Schülern die „dunkle" Seite von New York.

Inhaltliche Weiterführung

Diese Übung könnte eine längere Textproduktion bzw. Leseverstehensübung über New York vorbereiten.

New

York

dreams

make

inspire

place

Now

Yeah

Big

lights

streets

brand

feel

Concrete

jungle

nothing

new

pocket

make

made

ain't

got

air

name

work hard

compare pretty

Bridge

Everybody

marquees

world

looking

Broadway always empty

big cab Grew

hunger hand

rock

famous

curfew

town lighters

anywere

full

avenue

fridge

corner Harlem

ladies

means

loud

Noise

never

going

selling

Even

face

pray

One

Seeing

tonight

sleeps scenes

Hail

Baby

Hear

gipsy

God

movie

mean

merlting

sirenes

seems

Preachers

Someone

city Put

around Takes

Brooklyn

Street

pot

© Verlag an der Ruhr | Autorinnen: L. Armbrust, S. Müller, E. Wilden | ISBN 978-3-8346-2398-0 | www.verlagruhr.de

Ziel	Thematische Motivation: Bewusstsein für wichtige Sehenswürdigkeiten rund um New York City
Kompetenzen	Sachverhalte zusammenhängend darstellen
Alter	7.–8. Klasse
Dauer	ca. 10 Minuten
Material/Medien	Fragen/Antworten S. 46
Vorbereitung	ggf. Fragen von S. 46 an die Tafel schreiben

Beschreibung

1. Lesen Sie die jeweiligen Fragen über die Herkunft und somit die inhaltliche Bedeutung der Namen der jeweiligen Sehenswürdigkeiten von New York City der Klasse vor und lassen Sie die Schüler über eine mögliche Antwort spekulieren. Dabei dürfen sie ruhig kreativ und fantasievoll an die Sache rangehen.
2. Falls die Schüler die Frage richtig beantworten, stellen Sie die nächste Frage. Wenn nicht, verraten Sie nach einer angemessenen Zeit die richtige Antwort.

Variante(n)

➤ Gehen Sie nach dem Think-Pair-Share-Modus (s. auch S. 81) vor: Lassen Sie zunächst jeden einzelnen Schüler eine mögliche Antwort finden. Danach tauschen sich zwei Schüler miteinander aus, bevor Sie dann im Plenum die Antwortideen der Schüler zusammentragen.

➤ Sie können die Schüler im Internet die Antworten recherchieren lassen.

➤ Teilen Sie die Klasse in Fünfergruppen ein und teilen Sie jedem Schüler eine Frage mit entsprechender Antwort aus. Jeder Schüler soll reihum in seiner Gruppe eine Frage stellen und die Gruppenmitglieder diskutieren über mögliche Antworten, bis alle Fragen gestellt und besprochen wurden.

Hinweis(e)

Die hier vorgestellten Fragen können beliebig erweitert werden. Ebenfalls denkbar ist die Anwendung der Übung für andere Orte oder Sachgebiete des Englischunterrichts, z. B. im regionalen Umfeld der Schule.

Reflexion

Diskutieren Sie mit den Schülern darüber, wie interessant und motivierend sie die Aufgabe fanden.

Inhaltliche Weiterführung

Im Anschluss an diese Übung bietet sich eine kreative Schreibübung an, bei der die Schüler mindestens eine der genannten Sehenswürdigkeiten in ihre Geschichte aufnehmen sollen.
Die Schüler können auch selbst eine interessante Fragestellung samt Antwort finden.

Curiosity 2/2

1. Why is the Empire State Building called Empire State Building?

The state of New York is known throughout the United States by its nickname "Empire State". This nickname was probably established by George Washington, America's first president. As in 1931 the world's tallest skyscraper in New York City was completed, it was named accordingly the Empire State Building.

2. Why is the Flatiron Building called Flatiron Building?

It was one of the tallest buildings in New York City when it was completed in 1902. Its name comes from the shape of the building which looks like a clothes iron.

3. Why is Wall Street called Wall Street?

There are several versions of how the street got its name. The most common version is that Dutch settlers built an earthen wall in the 17th century to protect themselves from other settlers or the Native Americans and called the street "de Waal Straat". Later a more substantial wall was built that divided the people selling the goods to other sellers (merchants) from the people selling goods to end customers ("sellers"), and the place became a busy marketplace.

4. Why is the Bronx called the Bronx?

A Dutch settler called Jonas Bronck created the first settlement north of well-known Manhattan in 1639. He bought large archers of land and lent his name to his estate. Formally it was known as a great place to buy agricultural goods, and people used to say: "Let's go to the Bronx."

5. Why is the Statue of Liberty called the Statue of Liberty?

Her first name was „Liberty Enlightening the World" and she was a gift from France at the end of the 19th century to symbolise friendship and peace between the two nations. She was placed at the harbour's entrance of New York City where all new arrivals could see her. For many immigrants this was a sign of new life in liberty. New Yorkers call her also Lady Liberty.

© Verlag an der Ruhr | Autorinnen: L. Armbrust, S. Müller, E. Wilden | ISBN 978-3-8346-2398-0 | www.verlagruhr.de

© dvarg; © Maksym Yemelyanov; © Stefan Katzlinger – alle Fotolia.com

Statistics on mass media 1/2

Ziel	Aktivierung von Vorwissen: Thema „Mediennutzung"
Kompetenzen	Aussagen und Fragen verstehen und formulieren
Alter	7.–8. Klasse
Dauer	ca. 10–15 Minuten
Material/Medien	Vorlage S. 48
Vorbereitung	—

Beschreibung

1. Teilen Sie jedem Schüler einen Fragebogen aus. Bitten Sie sie, jeweils mindestens drei Mitschüler bezüglich ihrer Gewohnheiten im Umgang mit neuen Medien zu befragen.
2. Die Schüler tun dies und füllen dazu die Fragebögen aus.
3. Jeder Schüler erstellt auf seinem Arbeitsblatt mit seinen erfragten Daten eine kleine Statistik zum Medienverhalten in der Klasse.
4. Bitten Sie die Schüler im Plenumsgespräch, ihre Beobachtungen mitzuteilen und zu diskutieren.

Variante(n)

➤ Lassen Sie die Schüler ihre eigenen Fragebögen zum Thema Medienverhalten als Hausaufgabe erstellen und die Umfrage in der anschließenden Stunde durchführen.

➤ Übertragen Sie die Umfrage von S. 48 mit entsprechend mehr Spalten auf ein großes Poster oder eine OHP-Folie und bitten Sie alle Schüler, ihren Namen und ihre Antworten in eine Spalte einzutragen. Im Anschluss kann gemeinsam eine umfassende Statistik für das Medienverhalten der gesamten Klasse erstellt werden.

Hinweis(e)

Die Analyse von Statistiken wird im Fach Englisch erst in den höheren Klassen thematisiert. Dennoch kann in der 7./8. Klasse das Anlegen und Auswerten auf dieser Ebene gut eingeführt und erprobt werden. Einige Schüler werden Hilfestellungen bei der Erstellung benötigen.

Reflexion

Im Anschluss kann überlegt werden, welche Ergebnisse die Schüler überrascht haben, womit sie gerechnet haben oder in welchen Punkten sie vielleicht besonders vom Rest der Klasse abweichen.
Außerdem kann über den Sinn und Nutzen von neuen Medien diskutiert werden. Gab es in diesem Bereich in den vergangenen Jahren große Veränderungen? Wie unterscheidet sich das Medienverhalten Jüngerer von Erwachsenen?

Inhaltliche Weiterführung

Die Stunde könnte mit einer kritischen Auseinandersetzung mit modernem Medienkonsum weitergeführt werden. Textbeispiele zu Mediensüchtigen ermöglichen einen anschaulichen Zugang.

How often do you use your …?

0 = never, **1** = once a month, **2** = once a week, **3** = every day, **4** = several times every day

pupil's name: ➤					average ▼
TV					
DVD player					
mobile phone					
video game console					
mp3 player					
camera					
computer					
tablet PC					
laptop					

Average usage

 Draw a horizontal line for the average usage of each electronic device.

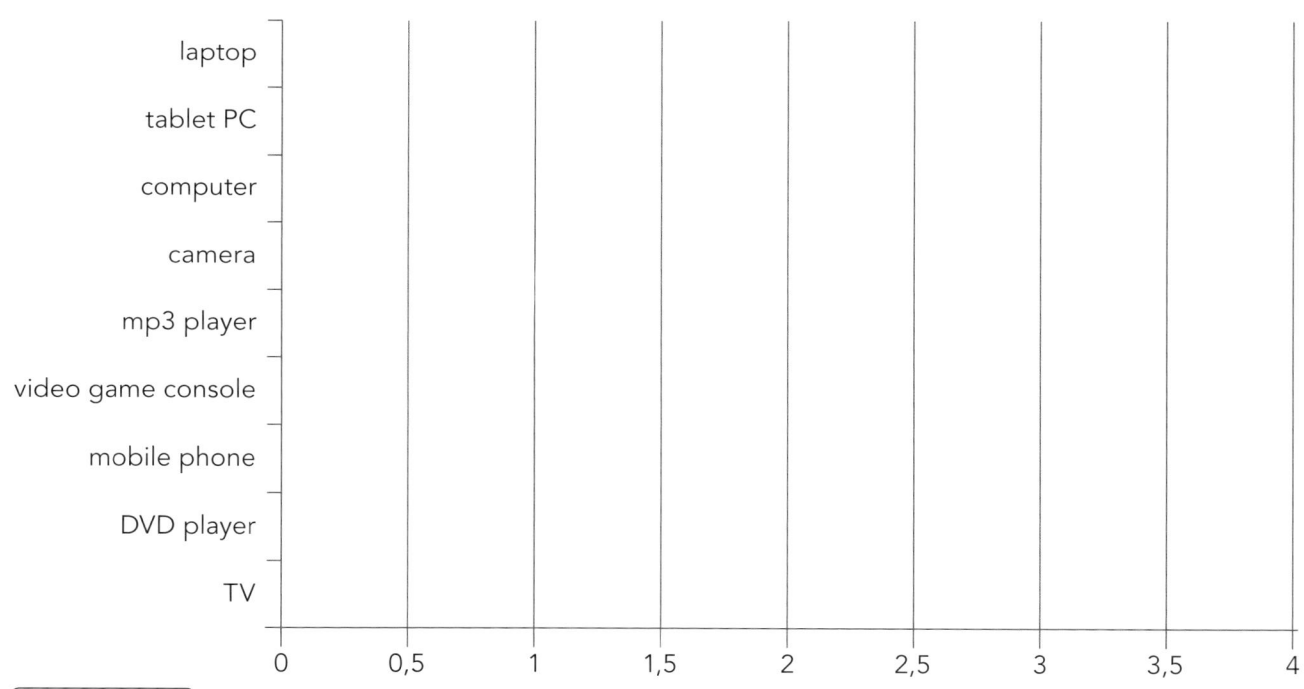

© Verlag an der Ruhr | Autorinnen: L. Armbrust, S. Müller, E. Wilden | ISBN 978-3-8346-2398-0 | www.verlagruhr.de

Copyright 1/2

Ziel	Aktivierung von Vorwissen: Thema „Urheberrecht im Internet"
Kompetenzen	eigene Ansichten kurz begründen und erklären
Alter	7.–8. Klasse
Dauer	ca. 10 Minuten
Material/Medien	Folie S. 50
Vorbereitung	—

Beschreibung

1. Legen Sie die Folie mit den Behauptungen zum Urheberrecht auf den OHP und geben Sie den Schülern Zeit, darüber nachzudenken, welche Behauptungen wahr und welche falsch sind.
2. Die Schüler erläutern im Plenum oder in Partnerarbeit ihre Vermutungen über den Wahrheitsgehalt der Behauptungen.
3. Sie lösen auf, dass alle Behauptungen falsch sind, und bitten die Schüler, diese in einem verneinten Satz zu notieren und abschließend im Plenumsgespräch zu vergleichen.

Variante(n)

Als Erweiterung können die Schüler eigene Behauptungen zum Thema „Urheberrecht" und „Persönlichkeitsrechte im Internet" aufschreiben und der Klasse vorstellen.

Hinweis(e)

Urheberrechte und Persönlichkeitsrechte sind ein heikles Thema im Internet und werden oftmals missbraucht. Viele Schüler machen sich keine Gedanken darüber, was sie im Internet veröffentlichen oder teilen. Schüler sollten daher in allen Fächern und Bereichen darüber aufgeklärt werden, und die Einsicht, dass manchmal weniger Daten im Internet mehr Sicherheit bedeuten, muss gestärkt werden.

Reflexion

Sie können Ihre Schüler zu ihren eigenen Erfahrungen im Umgang mit dem Internet befragen. Befragen Sie sie auch kritisch zum Umgang mit Bildern und Fremdtexten.

Inhaltliche Weiterführung

Die Schüler könnten im Internet zu Rechten und Pflichten der Internetnutzer recherchieren und abschließend einen Ratgeber für den richtigen Umgang mit dem Internet auf Englisch erarbeiten.

True or false?

? **1.**
Everything I post on my Facebook™ profile is automatically only visible to my friends.

? **2.**
I may upload any picture I like on Facebook™ or Twitter™.

? **3.**
Freedom of speech gives me the right to post anything I want about others.

? **4.**
I can upload recorded material from TV on YouTube™.

? **5.**
I should always use my correct name and my correct address when chatting.

? **6.**
I am allowed to upload music from a CD on my website and share it with all my friends via a download button.

? **7.**
I can copy and paste anything from the internet for my homework.

? **8.**
Wikipedia is a reliable and proofed source of information.

© Verlag an der Ruhr | Autorinnen: L. Armbrust, S. Müller, E. Wilden | ISBN 978-3-8346-2398-0 | www.verlagruhr.de

Taboo or not Taboo 1/2

Ziel	Aktivierung vor Vorwissen: Thema „Massenmedien"
Kompetenzen	Gegenstände beschreiben, eigene Meinung äußern
Alter	7.–8. Klasse
Dauer	ca. 10–15 Minuten
Material/Medien	Kärtchen von Vorlage S. 52, Sanduhr oder Stoppuhr
Vorbereitung	Vorlage kopieren und Kärtchen ausschneiden, ggf. laminieren

Beschreibung

1. Die Schüler bilden Viergruppen. Erklären Sie, dass sie paarweise (Team A und Team B) gegeneinander spielen werden. Jedes Paar erhält jeweils einen unterschiedlichen Stapel zu erratender Begriffe.
2. Nachdem das Zeitsignal gegeben wurde, beginnt Schüler 1 aus Team A, seinem Partner den ersten Begriff zu erklären. Dazu schaut er sich das erste Kärtchen genau an und prägt sich die verbotenen Begriffe ein. Diese dürfen während des Erklärens nicht genannt werden. Schüler 1 erklärt seinem Partner in der vorgegebenen Zeit so viele Begriffe wie möglich. Wenn er ein verbotenes Wort nennt, muss er die Karte beiseitelegen und ein neue nehmen. Der Partner muss die Wörter erraten. Sie können auch Punktabzug einführen. Team B kontrolliert die Aussagen und sammelt die erratenen Kärtchen als Punkte-Beweis ein.
3. Wenn die Zeit abgelaufen ist, ist Team B mit seinem Stapel an der Reihe.
4. Lassen Sie die Schüler so lange spielen, bis die Karten mindestens ein Mal komplett durchgespielt wurden. Kennt ein Schüler die von ihm zu erklärende Vokabel nicht, legt er diese beiseite und versucht, die nächste Karte zu erklären.

Variante(n)

➤ Sie können das Spiel auch in größeren Gruppen spielen lassen.
➤ Lassen Sie die Schüler jeweils ein Tabu-Kärtchen zum Thema „Massenmedien" ca. zwei Unterrichtsstunden vor der eigentlichen Stunde vorbereiten. Sammeln Sie die Karten ein und mischen Sie sie in Ihr Tabu.

Hinweis(e)

Erklären Sie Ihren Schülern, dass die fett gedruckten Überschriften die zu erratenden Begriffe sind. Darunter stehen die Wörter, die nicht genannt werden dürfen.
Bei schwächeren Lerngruppen empfiehlt es sich, mehr Zeit zu geben, um den Schülern die Möglichkeit zu lassen, geeignete Wörter zu benutzen.

Reflexion

Diskutieren Sie mit Ihren Schülern über die einzelnen Begriffe und machen Sie auf die Gefahren der Massenmedien aufmerksam. Reflektieren Sie aber ebenso über die Vorteile, die sich durch die Vernetzung mit der Massenmedien ergeben.

Inhaltliche Weiterführung

Schließen Sie eine Klassenumfrage zur Nutzung der Massenmedien an.

the TV television The Simpsons to watch	**a mobile phone** cell phone to call text message	**a computer** PC to write emails	**a tablet PC** iPad to touch table
a laptop PC computer to walk	**Facebook™** friends message social network	**YouTube™** video posts internet	**inTouch** magazine stars scandals
Men's Health magazine fitness fashion	**DVD player** disc movie to watch	**MP3 player** to listen to music PC	**The New York Times** newspaper USA Big Apple
The Guardian newspaper Great Britain London	**a blog** internet computer to write	**MySpace™** social network friends message	**a smartphone** iPhone internet mobile
the internet world wide web computer emails	**a movie poster** cinema film actor	**MTV** to watch singers charts	**an email** to write internet computer

© Verlag an der Ruhr | Autorinnen: L. Armbrust, S. Müller, E. Wilden | ISBN 978-3-8346-2398-0 | www.verlagruhr.de

Meeting a bear 1/2

Ziel	thematische Motivation: „Nationalparks"
Kompetenzen	eine Situation mithilfe eines Bildimpulses versprachlichen, eigene Ideen vorstellen
Alter	7.–8. Klasse
Dauer	ca. 10 Minuten
Material/Medien	Folie S. 54, DIN-A3-Papier
Vorbereitung	—

Beschreibung

1. Zeigen Sie den Schülern die Illustration der „Two Tree Hauling Technique".
2. Bitten Sie sie, zu beschreiben, was sie sehen. Schreiben Sie ggf. passendes Vokabular an.
3. Fordern Sie sie auf, zu raten, was der Mann in der Illustration macht und weshalb. Geben Sie ggf. Hinweise zur Herkunft der Illustration („Canadian website", „Provincial/National Park", „camping", „black bears").
4. Teilen Sie die Klasse in Vierergruppen ein. Die Gruppen überlegen sich eine alternative Technik für eine Situation beim Camping, in der es nur einen oder gar keinen Baum gibt. Bitten Sie die Schüler, ihre Technik auf ein DIN-A3-Blatt zu malen und anschließend der Klasse vorzustellen.

Variante(n)

Erproben Sie die von den Schülern vorgeschlagenen Techniken, indem Sie z. B. an einem Baum auf dem Schulhof einen Rucksack „in Sicherheit bringen".

Hinweis(e)

Die Illustration zeigt eine Technik, mit deren Hilfe man sich beim Camping im kanadischen Algonquin Provincial Park vor Bären schützen kann. Der Park ist ein über 7000 km² großes, sehr wald- und wasserreiches Naturschutzgebiet nördlich von Toronto. Er ist ein sehr beliebtes Erholungs- und Urlaubsgebiet, da man dort campen und kanufahren kann. Da es in dem Park etwa 2000 Schwarzbären gibt, ist es für Besucher lebensnotwendig, beim Camping verschiedene „Bear Safety Rules" zu beachten: Das sichere Verstauen von Lebensmitteln sowie die sichere Entsorgung von Abfall gehören zu den wichtigsten Regeln. Achten Sie darauf, dass die Schüler die Illustration zunächst nur beschreiben und erst dann erklären, damit ihnen der Unterschied zwischen Bildbeschreibung und -analyse deutlich wird.

Reflexion

Fragen Sie die Schüler, welche Gefahren beim Camping in Europa bestehen können. Vielleicht haben einige schon einmal selbst beim Camping etwas Unheimliches oder Gefährliches erlebt (z. B. ein Gewitter oder unheimliche Geräusche). Fragen Sie, wie sie sich in dieser Situation geschützt haben.

Inhaltliche Weiterführung

Die Übung könnte das Verfassen eines persönlichen Erfahrungsberichts vorbereiten.

BEAR HANG
(TWO TREE HAULING TECHNIQUE)

© Mike Clelland (mikeclelland.com)

Useful phrases

to pull sth. up
a bundle
a rope

© Verlag an der Ruhr | Autorinnen: L. Armbrust, S. Müller, E. Wilden | ISBN 978-3-8346-2398-0 | www.verlagruhr.de

Ziel	thematische Motivation: „Nationalparks"
Kompetenzen	eigene Meinung äußern und erläutern, Ergebnisse vorstellen
Alter	7.–8. Klasse
Dauer	ca. 10–15 Minuten
Material/Medien	Vorlage S. 56, Plakate
Vorbereitung	—

Beschreibung

1. Die Schüler bilden Viergruppen. Jede Gruppe bekommt ein Plakat.
2. Erklären Sie den Ablauf: Sie lesen in kurzen Abständen die Namen verschiedener Nationalparks vor und die Gruppen müssen sich blitzschnell eine (kreative) Erklärung überlegen und notieren, warum der Nationalpark so heißen könnte. Die Gruppenerklärungen werden vorgetragen. Dann lösen Sie die Rätsel mit der Klasse zusammen auf. Es geht hier nicht um die Richtigkeit der Antworten, sondern um Kreativität und darum, wie überzeugend die Antworten sind.

Variante(n)

➤ Sie können das Spiel ähnlich der „Placemat-Methode" (siehe Hinweis) durchführen lassen. Jeder Schüler überlegt für sich, am Ende wird gemeinsam die überzeugendste Erklärung in der Mitte notiert.

➤ Sie können am Ende die Lösungen der Gruppen mitsamt der richtigen Lösung zur Auswahl stellen. Wer die meisten Mitschüler überzeugen konnte, hat gewonnen. Das funktioniert auch in Kleingruppen.

Hinweis(e)

Bei der Placemat-Methode liegt ein Plakat auf dem Tisch vor der Viergruppe. Dieses Plakat wird in Felder (quer/diagonal) eingeteilt, sodass jeder Schüler nacheinander ein Feld für seine eigenen Gedanken erhält und diese niederschreiben bzw. auf die Gedanken der Mitschüler reagieren kann. Dabei wird das Plakat im Uhrzeigersinn gedreht, bis jeder Schüler sein Feld ausgefüllt hat. In einem weiteren Feld in der Mitte werden am Ende gemeinsam die besten Gedanken aus allen Vorschlägen herausgefiltert.

Dies kann als Grundlage für Unterrichtsgespräche und/oder -diskussionen dienen.

Reflexion

Reflektieren Sie darüber, wie einem ein Wort etwas über seine Herkunft verraten kann.

Inhaltliche Weiterführung

Lassen Sie die Schüler im Anschluss eine eigenständige Recherche zu einem der genannten Nationalparks durchführen.

Park names 2/2

National Park	Explanation
Yellowstone National Park (USA)	Named after the most important river in the park: Yellowstone river. This is the oldest national park in the USA.
Yosemite National Park (USA)	Named after the valley which lies in the national park: Yosemite valley.
Sequoia National Park (USA)	Named after the giant mammoth trees that are to be found in the national park.
Bryce Canyon National Park (USA)	Named after Ebenezer Bryce, one of the first settlers to live in the area.
Death Valley National Park (USA)	Named after the often unbearable heat in the Mojave desert which dries out the plants.
Crater Lake National Park (USA)	Named after a 594 meter deep lake in the volcanic area of Mount Mazama.
Grand Canyon National Park (USA)	Named after one of the most visited canyons in the world: the Grand Canyon.
Everglades National Park (USA)	Named after its location which is very swampy and marshy.
Lake District National Park (GB)	Named after the many lakes that are within this area.
Elk Island National Park (Canada)	Named after an American elk (= Wapiti) sanctuary that was set up at the beginning of the 20th century.
Blue Mountains National Park (Australia)	Named after the bluish colour in the air resulting from the eucalyptus trees and its essential oil.
Abel Tasman National Park (New Zealand)	Named after Abel Tasman, who was the first European explorer to discover New Zealand.

© Verlag an der Ruhr | Autorinnen: L. Armbrust, S. Müller, E. Wilden | ISBN 978-3-8346-2398-0 | www.verlagruhr.de

Song bites

Ziel	thematische Motivation: Songtitel und Interpreten benennen, Musikvorlieben begründen
Kompetenzen	Stellung nehmen, Gefühle ausdrücken
Alter	7.–8. Klasse
Dauer	ca. 5 Minuten
Material/Medien	MP3-Player mit Zufallswiedergabe, ggf. Lautsprecher
Vorbereitung	bekannte Musik auf den MP3-Player ziehen, z. B. aktuelle Charts

Beschreibung

1. Spielen Sie über die Zufallswiedergabe den Beginn eines Songs vor.
2. Stoppen Sie den Song und fordern Sie die Schüler auf, ihn weiterzusingen, -rappen oder -sprechen.
3. Die Schüler raten, wie der Song heißt und von wem er ist („The song is called … It is by …").
4. Fragen Sie die Schüler, ob sie ihn mögen oder nicht („I [don't] like this song because …").
5. Fragen Sie die Schüler, wie sie sich fühlen, wenn sie den Song hören.

Variante(n)

➤ Geben Sie den MP3-Player an einen Schüler weiter, der die Schritte 1–4 mit seinen Mitschülern durchführt.
➤ Teilen Sie die Klasse in Fünfergruppen ein, mit einem MP3-Player pro Gruppe. Reihum spielen die Schüler einen zufällig gewählten Song an und befragen sich gegenseitig zu dem „song bite".

Hinweis(e)

Machen Sie sich mit der Zufallswiedergabe Ihres MP3-Players vertraut. Bei iPods® kann man diese z. B. für einzelne Alben, Compilations oder den gesamten Player auswählen. Auch verfügen iPods über eine Schüttelfunktion: Wenn diese aktiviert ist, kann man durch Schütteln des Geräts zufällig einen Song auswählen.
Da MP3-Player teure Geräte sind, sollten Sie darauf achten, dass die Schüler vorsichtig damit umgehen. Je nach Schulpolitik sollten Sie mit den Eltern oder der Schulleitung vorher klären, ob die Schüler an diesem Tag ihre MP3-Player mit in den Unterricht bringen dürfen.

Reflexion

Diskutieren Sie mit den Schülern, aus welchen Gründen sich der Musikgeschmack zum Teil von Mensch zu Mensch so stark unterscheidet („Why is the taste in music different from one person to another? Where does taste in music come from?").

Inhaltliche Weiterführung

Die Übung könnte eine Einheit der MTV Music Awards vorbereiten.

The uncommon singer

Ziel	übende Wiederholung: Pronomen, 3. Person Singular, Verbformen
Kompetenzen	adressatengerechte Formulierungen beherrschen
Alter	7.–8. Klasse
Dauer	ca. 10 Minuten
Material/Medien	Folienvorlage unten
Vorbereitung	—

Beschreibung

1. Zeigen Sie den Tweet unten auf Folie und heben Sie die Songzeile („One wants …") hervor.
2. Fragen Sie die Schüler, wer den Song „Bicycle Race" der Band Queen in diesem Tweet „singt". Helfen Sie ihnen ggf., indem Sie das Original zitieren („I want to ride my bicycle, I want to ride my bike …"), auf die äußerst formelle Konnotation des Pronomens „one" oder auf die Verfasserin des Tweets aufmerksam machen.
3. Die Schüler suchen in Partnerarbeit Zeilen aus ihren Lieblingssongs und „übersetzen" sie für die Queen („I" durch „one" ersetzen/die Verben angleichen).
4. Wählen Sie einige Gruppen aus, die der Klasse ihre umgeschriebenen Songzeilen vorstellen (entweder singen, rappen oder sprechen).

Variante(n)

Lassen Sie die Schüler in ihren Songzeilen unter Verweis auf den Majestic Plural Singular- durch Plural-Pronomen ersetzen (z. B. „We want to ride our bicycle …").

Hinweis(e)

Zum Hintergrund von Twitter™ und den Tweets von @Queen_UK s. S. 80.

Reflexion

Diskutieren Sie mit den Schülern über den Majestic Plural.

Inhaltliche Weiterführung

Sie könnten anschließend die Vergangenheitsformen wiederholen, indem Sie Songzeilen entsprechend umschreiben und singen lassen (z. B. „You were the dancing queen …").

> **Elizabeth Windsor** @Queen_UK   6 Aug
> Another gold in cycling. One wants to ride one's bicycle, one wants to ride one's bike... #olympics
> Schließen   ← Antworten   ⟲ Retweeten   ★ Favorisieren   ••• Mehr
>
> **832** RETWEETS   **86** FAVORITEN
>
> 7:11 PM - 6 Aug 12 · Details
>
> Antwort an @Queen_UK

Music Awards 1/2

Ziel	wiederholende Übung: Präsentationen, Vokabeln zum Thema „Musik"
Kompetenzen	Präsentation eigener Arbeit zu einem vertrauten Thema
Alter	7.–8. Klasse
Dauer	ca. 15–20 Minuten
Material/Medien	Preis in Form von Schokolade o. Ä., Vorlage S. 60
Vorbereitung	—

Beschreibung

1. Bitten Sie die Schüler, jeder für sich in einer kurzen und überzeugenden Laudatio auf der Kopiervorlage zu begründen, warum ihr Lieblingssänger/ihre Lieblingsband einen Music Award verdient hätte. Gehen Sie ggf. erst gemeinsam das Beispiel durch.
2. Teilen Sie die Schüler dann in Vierergruppen ein, in denen alle Schüler jeweils ihre vorbereitete Laudatio vortragen sollen.
3. Fordern Sie die Viergruppen auf, die beste Laudatio auszuwählen. Diese soll im Anschluss der gesamten Klasse vorgestellt werden.
4. Küren Sie dann wiederum die beste Laudatio nach dem Mehrheitsprinzip.

Variante(n)

➤ Je nach Leistungsstand der Lerngruppe können Sie den Schülern auch die Möglichkeit geben, die Statements lediglich mündlich zu formulieren.

➤ Geben Sie die Vorbereitung als Hausaufgabe für die Stunde auf.

➤ Um Unstimmigkeiten innerhalb der Klasse bei der Wahl des Gewinners zu vermeiden, können Sie eine geheime Wahl durchführen. Dies geht wie folgt: Zeichnen Sie eine Tabelle, unterteilt in „group 1", „group 2", usw. an die für die Klasse nicht einsehbare Seite der Tafelklappe. Wer nicht selbst nominiert ist, darf dann nacheinander mit Kreide seine Stimme abgeben.

Hinweis(e)

Fungieren Sie während der Erarbeitungsphase als „guide on the side" und unterstützen Sie sprachlich schwächere Schüler. Achten Sie darauf, dass die Präsentationen der Laudatio möglichst frei und nicht abgelesen erfolgt.

Reflexion

Diskutieren Sie im Anschluss mit den Schülern, warum welche Laudatio gewonnen hat und welche Kriterien die Schüler selbst entwickelt haben.

Inhaltliche Weiterführung

Als Weiterführung dieser Aufgabe können Sie sich mit Ihren Schülern Aufzeichnungen großer Preisverleihungen anschauen, z. B. die MTV Music Awards oder World Music Awards.

And the Music Award goes to …

_____

_____

_____

_____

_____

_____

_____

_____

Example:

... the Beatles!

I am voting for „The Beatles" to get the famous Music Award for many reasons:

Firstly, they were one of the first bands to play and sing rock'n roll and beat music.

Secondly, they are one of the most popular bands throughout history.

Thirdly, they were chick magnets, and all women loved them.

Fourthly, they were top of the pops in almost all countries of the world.

Fifthly, they were the first band to establish music videos with action not only with singing.

No other band later on has sold so many sound record mediums or has influenced other bands as much as The Beatles did.

Therefore, I propose to give the Music Award to The Beatles.

© Verlag an der Ruhr | Autorinnen: L. Armbrust, S. Müller, E. Wilden | ISBN 978-3-8346-2398-0 | www.verlagruhr.de

In love with Wordle™ 1/2

Ziel	Aktivierung von Vorwissen, Motivation: Thema „Liebe"
Kompetenzen	Gefühle ausdrücken, auf Gefühlsäußerungen reagieren
Alter	7.–8. Klasse
Dauer	ca. 10 Minuten (plus 5 Minuten in der vorherigen Stunde)
Material/Medien	ggf. Folie S. 62
Vorbereitung	kurze Klassenumfrage

Beschreibung

1. Bitten Sie Ihre Schüler am Ende der vorausgehenden Stunde, anonym fünf englische Wörter auf ein Blatt zu schreiben, die sie mit dem Thema „Being in love" verbinden. Nennen Sie ein oder zwei Beispielwörter (z. B. „heart" oder „feelings"), aber nicht mehr, um die Schülerantworten nicht zu beeinflussen.
2. Sammeln Sie die Blätter ein und zählen Sie aus, welche Wörter wie oft genannt wurden. Illustrieren Sie die Ergebnisse der Klassenumfrage in einem Wordle™ (s. S. 43).
3. Zeigen Sie zum Beginn der nächsten Stunde das Wordle™. Die Schüler arbeiten heraus, welche Wörter besonders häufig genannt wurden.
4. Fragen Sie die Schüler, welche der Wörter im Wordle™ sie gern bzw. nicht mögen.
5. Bitten Sie einige Schüler, einem fiktiven Austauschschüler aus Australien eine mündliche Liebeserklärung zu machen (ggf. auch im Rollenspiel) und dabei so viele Wörter wie möglich aus dem Wordle™ zu verwenden.

Variante(n)

➤ Verwenden Sie das vorgefertigte Wordle™ (erstellt mit den von einer 7. Klasse genannten Wörtern) und beginnen Sie mit Punkt 3.
➤ Beenden Sie die Arbeit mit dem Wordle™ mit einem Rollenspiel: Die Schüler bereiten paarweise einen Dialog zwischen Verliebten vor, in dem sie so viele Wörter wie möglich aus dem Wordle™ verwenden. Die anderen sehen dem Rollenspiel zu und zählen leise mit, wie viele Wörter je Rollenspiel eingebaut wurden.

Reflexion

Bitten Sie die Schüler je nach Ergebnis der Umfrage, zu diskutieren, weshalb manche Wörter häufiger/seltener/gar nicht genannt wurden.

Inhaltliche Weiterführung

Sie könnten eine kreative Schreibübung anschließen, z. B. schreiben die Schüler eine kurze Liebesgeschichte, ein Elfchen oder einen Haiku über zwei Verliebte. Darin verwenden sie eine vorgegebene Anzahl von Wörtern aus dem Wordle™ und tragen ihren Text anschließend vor.

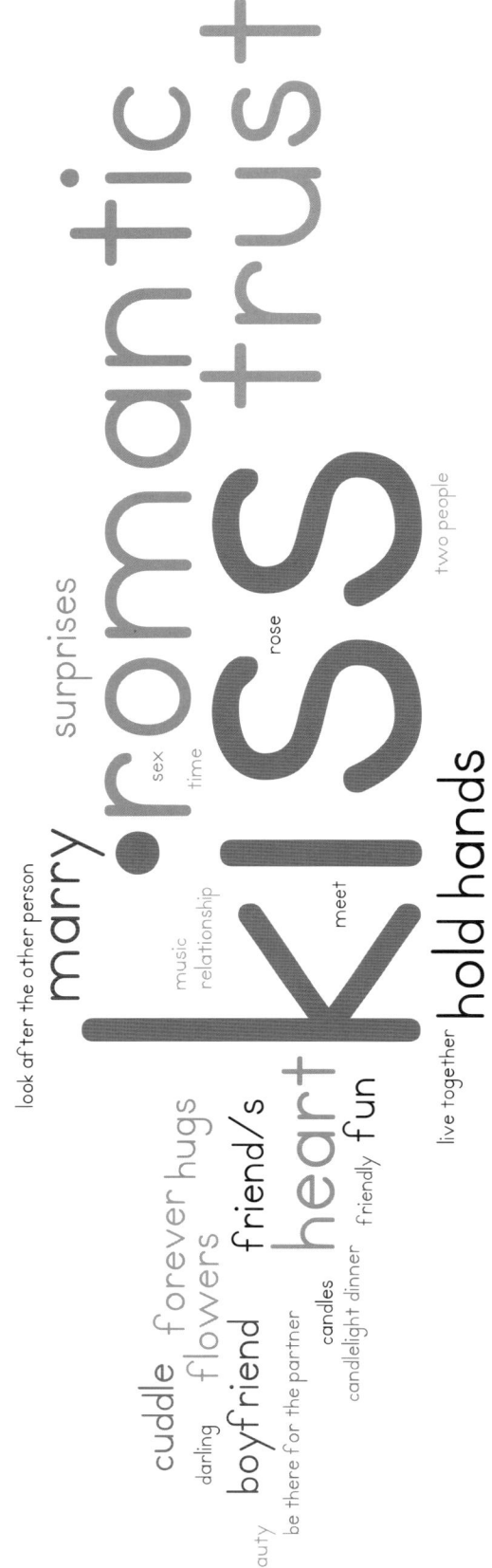

© Verlag an der Ruhr | Autorinnen: L. Armbrust, S. Müller, E. Wilden | ISBN 978-3-8346-2398-0 | www.verlagruhr.de

Klasse 9/10

Jobs   Rights

History   Politics

Friendship

Job fair 1/2

Ziel	Verknüpfung von bekanntem mit neuem Stoff: Wortfeld „Jobs"
Kompetenzen	Sachverhalte und Tätigkeiten erkennen und mündlich beschreiben
Alter	9.–10. Klasse
Dauer	ca. 10 Minuten
Material/Medien	Vorlage S. 65
Vorbereitung	—

Beschreibung

1. Die Schüler arbeiten in Paaren. Jeder Partner bekommt ein anderes Aufgabenblatt mit Bildern von Berufen (siehe Vorlage).
2. Die Schüler beschreiben sich gegenseitig, welche Tätigkeiten die jeweiligen Personen ausführen, ohne dabei die Berufsbezeichnung zu sagen.
3. Der andere Schüler notiert jeweils die entsprechende Berufsbezeichnung auf seinem Aufgabenblatt.
4. Abschließend vergleichen die Partner ihre Lösungen.

Variante(n)

➤ Sie können auch die gesamte Klasse an der Übung teilhaben lassen. Legen Sie dafür eine Folie mit den Berufen abgedeckt auf. Platzieren Sie einen Schüler mit dem Rücken zur Projektion und decken Sie eine Zeichnung auf. Lassen Sie den Rest der Klasse den Beruf beschreiben oder bitten Sie den Schüler, der mit dem Rücken zur Projektion sitzt, über Ja-Nein-Fragen herauszufinden, welcher Beruf zu sehen ist.

➤ Schüler können pantomimisch einen Beruf vor der Klasse darstellen. Die Klasse muss die korrekte englische Bezeichnung des Berufes erraten.

Hinweis(e)
Reflexion

Geben Sie ggf. die Möglichkeit, Wörterbücher zu verwenden.
Sprechen Sie über die Berufe der Eltern und welche Besonderheiten diese aufweisen. (Gehen Sie dabei achtsam mit dem Thema Arbeitslosigkeit um.) Gibt es Schüler, die gerne den Beruf ihrer Eltern aufgreifen möchten? Alternativ kann auch über die Schülerwünsche nach der Schule gesprochen werden.

Inhaltliche Weiterführung

Das Schreiben eines CVs oder das Schreiben von „application letters" könnte eine Weiterführung der Stunde bilden.

Jobs – partner A

Describe these jobs to your partner but do not say the name of the job.

Mr. Macton is a farmer.

Miss Fetcher is a hair dresser.

Now listen to your partner and try to find out what those people work as.

Mrs. Theodore is a _____ .

Mr. Herry is a _____ .

Jobs – partner B

Describe these jobs to your partner but do not say the name of the job.

Mrs. Theodore is a vet.

Mr. Herry is a conductor.

Now listen to your partner and try to find out what those people work as.

Mr. Macton is a _____ .

Miss Fetcher is a _____ .

© Verlag an der Ruhr | Autorinnen: L. Armbrust, S. Müller, E. Wilden | ISBN 978-3-8346-2398-0 | www.verlagruhr.de

Dream factory 1/2

Ziel	thematische Motivation: Gedanken zur eigenen Berufswahl machen und diese versprachlichen
Kompetenzen	Informationen erfragen, ein Interview zu einem vertrauten Thema vorstellen
Alter	9.–10. Klasse
Dauer	ca. 15 Minuten
Material/Medien	Vorlage S. 67, Plakate
Vorbereitung	—

Beschreibung

1. Jeder Schüler erhält eine Kopie der Vorlage und sucht sich einen Partner in der Klasse, mit dem ein Interview zum Thema Berufswunsch durchgeführt wird.
2. Lassen Sie die gegenseitige Befragung durchführen. Die Schüler sollen Stichworte notieren, damit im Anschluss eine kleine Präsentation stattfinden kann.
3. Einzelne Schüler berichten über den Berufswunsch des Partners. Hängen Sie dann alle Interviews mitsamt den Stichworten im Klassenzimmer auf. Somit können die Schüler sich über ihre gegenseitigen Berufswünsche selbstständig informieren.

Variante(n)

➤ Sie können die Schüler bitten, sich als Vorbereitung auf die Stunde Gedanken über mögliche Interviewfragen hinsichtlich des Berufswunsches zu machen.

➤ Leistungsstärkere Schüler können Sie bitten, zusätzliche Fragen für das Interview auf die Antworten hin zu entwickeln; dies kann während des Gesprächs geschehen oder im Anschluss daran.

➤ Sie können den Schülern lediglich die Fragewörter anbieten und diese bitten, die vollständige Frage selbst zu formulieren.

Hinweis(e) Achten Sie unbedingt darauf, dass die Schüler während der gesamten Befragung Englisch miteinander sprechen.
Helfen Sie ggf. bei Vokabelschwierigkeiten aus.

Reflexion Diskutieren Sie, wie man sich bei einer Interviewführung verhalten sollte und ob dies bei den Schülern umgesetzt wurde: aktives Zuhören (mit dem Kopf nicken, den Partner anschauen, Interesse signalisieren, Nachfragen, usw).

Inhaltliche Weiterführung Thematisch bietet es sich an, das Themenfeld „Bewerbungen" aufzugreifen.

Find someone who you want to interview about his/her professional plans for the future.
Try to be as polite, interested and involved as possible.
The given questions are only possibilities which you may extend as you wish.

Name of your partner: --

Question 1: What do you want to become in the future?

_____

_____

Question 2: What is so special about the job?

_____

_____

_____

_____

Question 3: What do you think what your parents and friends will say?

_____

_____

_____

_____

Question 4: What do you think will be difficult in this job?

_____

_____

_____

_____

Question 5: --

_____

_____

_____

_____

© Verlag an der Ruhr | Autorinnen: L. Armbrust, S. Müller, E. Wilden | ISBN 978-3-8346-2398-0 | www.verlagruhr.de

Fog in Channel

Ziel |	Aktivierung von Vorwissen über die Rolle Großbritanniens in Europa
Kompetenzen |	eine Zeitungsüberschrift erklären und dazu Stellung nehmen
Alter |	9. – 10. Klasse
Dauer |	ca. 5 Minuten
Material/Medien |	ggf. Europakarte
Vorbereitung |	—

Beschreibung

1. Schreiben Sie die folgende Zeitungsüberschrift an die Tafel: „Fog in Channel, Continent cut off".
2. Fordern Sie die Schüler auf, in Partnerarbeit das Zitat zu entschlüsseln, indem sie es übersetzen (insbesondere „to cut sth. off") und mithilfe einer Europakarte (z. B. aus dem Lehrbuch) seine Bedeutung erklären.
3. Sammeln Sie im Klassengespräch die verschiedenen Deutungen des Zitats und lenken Sie das Gespräch ggf. durch gezieltes Nachfragen auf dessen (einseitig) britische Perspektive (z. B. „Do you think a French newspaper would use the same headline?").

Variante(n)

Fordern Sie die Schüler auf, für aktuelle Ereignisse des Weltgeschehens Zeitungsüberschriften mit einer ähnlich einseitigen Sichtweise zu entwerfen.

Hinweis(e)

„Fog in Channel, Continent cut off" ist eine berühmt gewordene Zeitungsüberschrift aus dem Wetterbericht, die vermutlich aus den 1930er-Jahren stammt und für die sich verschiedene Quellenangaben finden lassen (u. a. „The Daily Mirror"). Sie wird häufig zitiert, um eine isolierte „britische Perspektive" auf ein Ereignis des Weltgeschehens zu karikieren: In der Überschrift ist der Kontinent von den Britischen Inseln „abgeschnitten" – und nicht umgekehrt, so wie es nach vielen Interpretationen naheliegender wäre. In dieser Überschrift spiegelt sich so eine Sichtweise, die Großbritannien als Fokus des Weltgeschehens sieht. Eine ähnlich isolierte Haltung zeigt sich auch in der Eigenart vieler britischer Medien, von „Europe" zu schreiben, wenn Kontinentaleuropa gemeint ist – fast, als würde Großbritannien nicht zu Europa gehören.

Reflexion

Diskutieren Sie mit den Schülern, ob ihrer Meinung nach Zeitungen eine neutrale Haltung einnehmen oder auch (politische) Meinungen zum Ausdruck bringen sollten. Alternativ könnten Sie aktuelle politische Ereignisse (z. B. der europäischen Politik) und die diesbezügliche Haltung der aktuellen britischen Regierung diskutieren.

Inhaltliche Weiterführung

Die Übung könnte eine landeskundliche Unterrichtseinheit über England vorbereiten.

Politician of the day 1/2

Ziel	Verknüpfung von bekanntem mit neuem Stoff: Charakterisierung eines Politikers
Kompetenzen	Personen beschreiben, sich über deren Lebensbedingungen austauschen
Alter	9. – 10. Klasse
Dauer	ca. 10 Minuten
Material/Medien	Bild eines Politikers auf OHP (Beispiel S. 70)
Vorbereitung	Bilder der im Unterricht behandelten Politiker auf Folie kopieren

Beschreibung

1. Projizieren Sie das Bild eines Politikers, das in der Lerneinheit besprochen wurde, mittels OHP an die Wand (z. B. Barack Obama).
2. Die Schüler sollen reihum den Politiker spontan in einem Satz charakterisieren (Beispiel auf Folie). Dopplungen sollen dabei vermieden werden.

Variante(n)

➤ Alternativ können Sie die Namen des ausgewählten Politikers auch an die Tafel schreiben.

➤ Wenden Sie je nach Leistungsstand der Lerngruppe die Methode Think-Pair-Share (s. S. 81) an.

➤ Bitten Sie die Schüler, sich vorab ein Merkmal des Politikers zu überlegen und dieses schriftlich in einem ganzen Satz festzuhalten, um dann im Plenum reihum diese individuell vorzustellen.

➤ Alternativ können Sie die Schüler auffordern, den Namen eines Politikers zu nennen, den das Plenum dann charakterisieren soll.

Hinweis(e)

In Abhängigkeit vom Leistungsstand der Lerngruppe können Sie die Schüler bitten, lediglich ein Adjektiv zur Charakterbeschreibung zu nennen; bei starken Lerngruppen können auch drei Adjektive von einem Schüler in einem Satz genannt werden.

Reflexion

Greifen Sie im Anschluss an das Schülergespräch interessante Charakterisierungen auf und reflektieren Sie diese gemeinsam im Unterrichtsgespräch („Why do you think xy is a good description for him/her?").

Inhaltliche Weiterführung

Diese Übung bietet die Möglichkeit, im Anschluss formale Aspekte einer Charakterisierung zu thematisieren.

Example of useful phrases to characterise a politician:

© akg-images / Pictures From History

Barack Obama

He was born in Honolulu, Hawaii.

He studied law at Harvard Law School.

He is the 44th president of the United States of America.

He is the first African American to be president.

He became president in 2008.

He was re-elected in 2012.

He is a member of the Democratic Party.

He was president when Osama Bin Laden was killed by the American military.

He is pro same-sex marriage.

He is married to Michelle Obama.

He is father of two girls.

He has a dog named Bo.

His motto is „Yes, we can".

© Verlag an der Ruhr | Autorinnen: L. Armbrust, S. Müller, E. Wilden | ISBN 978-3-8346-2398-0 | www.verlagruhr.de

The wish

Ziel	übende Wiederholung: Aussprache von „wish", „which" und „witch", Motivation durch Abwechslung: Thema „Freundschaft"
Kompetenzen	korrekte Schreibweise und Aussprache beherrschen, über vertrauten Themenbereich sprechen
Alter	9.–10. Klasse
Dauer	ca. 10 Minuten
Material/Medien	—
Vorbereitung	—

Beschreibung

1. Diktieren Sie Ihren Schülern Folgendes: „I wish to wish the wish which you wish to wish, but if you wish the wish which the witch wishes, I won't wish the wish which you wish to wish."
2. Besprechen Sie mit Ihren Schülern, welche drei Bedeutungen die Wörter „wish", „which" und „witch" haben.
3. Lassen Sie Ihre Schüler die Hefte tauschen und gegenseitig zunächst ohne und dann mit Hilfe eines korrekten Tafelanschriebs überprüfen, ob sie die Wörter in dem Minidiktat richtig geschrieben haben.
4. Im Anschluss sollen die Schüler darüber spekulieren, welche Wünsche ihre Freunde haben und welche Wünsche man sich nicht für seine Freunde wünschen sollte.

Variante(n)

Die Schüler versuchen, den Satz in unterschiedlichen Stimmungen aufzusagen.

Hinweis(e)

Die Schreibweisen von „wish", „which" und „witch" werden häufig verwechselt. Es ist also hilfreich, diese drei Schreibungen einmal klar voneinander zu trennen und über deren Bedeutung zu sprechen.

Reflexion

Welche Wünsche haben die Schüler für sich und ihre Freunde? Sprechen Sie über Träume und Wünsche und den Wert von Wünschen. Gibt es Wünsche, die nicht zu verwirklichen scheinen, für die man sich aber trotzdem einsetzen sollte?

Inhaltliche Weiterführung

In dieser Stunde sollte das Sprechen im Mittelpunkt stehen. Knüpfen Sie an das Thema des Wünschens an und lassen Sie die Schüler beispielsweise im Stil der „Stillen Post" Wünsche für ihre Freunde formulieren und weitergeben. Abschließend könnten alle Wünsche gesammelt und diskutiert werden, welche davon in naher Zukunft realisierbar scheinen.

love

Woman without her man is nothing

Ziel	thematische Motivation: Perspektivenwechsel, Thema „Liebe"
Kompetenzen	Sprachstrukturen erkennen, mit Sprache kreativ umgehen
Alter	9.–10. Klasse
Dauer	ca. 5 Minuten
Material/Medien	—
Vorbereitung	—

Beschreibung

1. Schreiben Sie den Satz „Woman without her man is nothing" an die Tafel. Lassen Sie dabei bewusst die Zeichensetzung weg.
2. Fordern Sie Ihre Schüler auf, diesen Satz vorzulesen und ihn zu erklären.
3. Fragen Sie Ihre Schüler, ob es noch eine weitere Intonations- und Interpretationsmöglichkeit neben der zunächst erwähnten gibt. Geben Sie, wenn nötig, einen Hinweis auf die fehlende Zeichensetzung.

Variante(n)

➤ Geben Sie die beiden Intonationsmöglichkeiten vor und lassen Sie diese von den Schülern interpretieren.

➤ Die Schüler können in Anlehnung an das Beispiel weitere Sätze finden, in denen eine Abhängigkeit zum Ausdruck gebracht wird, z. B. „Friends without our smiles are nothing."

Hinweis(e)

Der Satz lässt sich in zweierlei Hinsicht interpretieren:

a) *Woman: without her, man is nothing.*
b) *Woman, without her man, is nothing.*

Um den Unterschied deutlich zu machen, sind die unterschiedliche Betonung und das Nutzen von Pausen entscheidend.

Reflexion

Diskutieren Sie die Richtigkeit der beiden Aussagen. Wer hat denn nun Recht? Es sollten Beispiele von den Schülern angeführt und abschließend ein nicht wertendes Resümee gezogen werden – denn schließlich gibt es hierfür kein Richtig oder Falsch.

Inhaltliche Weiterführung

Rollenbilder und Vorurteile eignen sich für die Fortführung der Stunde. Lassen Sie die Schüler sich mit den vorherrschenden Rollenklischees auseinandersetzen und diese kritisch diskutieren.

Love debate 1/2

Ziel	Verknüpfung von Bekanntem mit neuem Stoff, eigene Meinung erläutern und begründen
Kompetenzen	strukturiertes Meinungsbild begründend formulieren
Alter	9.–10. Klasse
Dauer	ca. 20–25 Minuten
Material/Medien	Folie S. 74
Vorbereitung	—

Beschreibung

1. Präsentieren Sie den Schülern die Szenarien zum Thema Liebe auf der Folienvorlage nacheinander.
2. Fordern Sie sie auf, zu dem jeweils vorgestellten Szenario Stellung zu nehmen. Setzen Sie hier die Think-Pair-Share-Methode (siehe S. 81) ein.
   Leiten Sie die Diskussion im Klassenverband und stellen Sie ggf. Nachfragen („Why do you think so?", „In your opinion, what would be a better option?" …).

Variante(n)

Teilen Sie die Schüler in Vierergruppen ein und geben Sie jeder Gruppe ein Szenario, welches diskutiert werden soll. Fordern Sie die Gruppen nach einer Diskussionsphase auf, das jeweilige Szenario der gesamten Klasse zu präsentieren und die Meinung der Gruppe kundzutun. Leiten Sie dann eine Diskussion der gesamten Klasse zum Thema.

Hinweis(e)

Die Themenfelder „first love" und „teenage pregnancy" erfordern einen sensiblen Umgang. Stellen Sie sicher, dass die Schüler die Themen mit der notwendigen Ernsthaftigkeit besprechen, und sagen Sie, dass die Szenarien frei erfunden sind.

Reflexion

Es sind zwei Reflexionsphasen denkbar:

1. Sprechen Sie mit Ihren Schülern über die Regeln, die in einer Diskussion befolgt werden sollten, wie z. B. „den Vorredner ausreden lassen", „Bezug zum vorher Gesagten nehmen", usw.
2. Inhaltlich können Sie das Thema aufgreifen, das die Schüler am meisten bewegt hat, und es gemeinsam im Klassenverband ausführlicher besprechen. Möglicherweise lassen Sie die einzelnen Schüler auch Fragen zum Thema formulieren, welche dann im Klassenverband besprochen werden.

Inhaltliche Weiterführung

Sie können eine kreative Schreibübung zu einem der genannten Szenarien anschließen.

Imagine your best friend gets (someone) pregnant and wants to hide it from his/her parents. What would you do?

Imagine your best friend is in love with the least popular girl/boy in your class. What would you do to help him/her?

Imagine your best friend gets (someone) pregnant and wants to quit school in order to have the child. What kind of advice would you give him/her?

Imagine your best friend wants an abortion for his/her unborn child. What would you tell him/her?

Imagine your best friend wants to have sex for the first time. What would you tell him/her?

Imagine your best friend is in love with someone ten years older than him/her. What would you tell him/her?

Imagine your best friend is in love with someone he/she met only on Facebook and now wants to invite this person to his/her house. What would you tell him/her?

© ***DJ*** – photocase.com

© Verlag an der Ruhr | Autorinnen: L. Armbrust, S. Müller, E. Wilden | ISBN 978-3-8346-2398-0 | www.verlagruhr.de

If I were ...

famous people

Ziel	übende Wiederholung: Konditional I
Kompetenzen	Bedingungen und Bezüge formulieren
Alter	9.–10. Klasse
Dauer	ca. 10 Minuten
Material/Medien	—
Vorbereitung	—

Beschreibung

1. Wählen Sie vier Schüler aus, die nach vorne kommen sollen.
2. Die Schüler stehen nebeneinander in einer Linie.
3. In jeder Runde sagt jeder einen Satz, der mit „If I were ...“ beginnt und eine bekannte Person enthalten muss, und vervollständigt diesen mit einer Behauptung.
4. Der Rest der Klasse ist die Jury. Sie entscheidet sich nach jeder Runde für den besten Satz und diskutiert dabei auch die Argumente der einzelnen Jurymitglieder (Kreativ? Lustig? Bewegend? ...) Der Gewinner darf einen Schritt nach vorne treten.
5. Wer zuerst drei Schritte nach vorne machen durfte, gewinnt die Runde.
6. Eine neue Gruppe von vier Schülern kann nach vorne kommen und sich ebenfalls Sätze zu einem bestimmten Anfang einfallen lassen.

Variante(n)

Lassen Sie die Schüler in Dreiergruppen arbeiten. Ein Schüler beginnt mit dem „if-clause“, der nächste in der Gruppe beendet diesen mit einem passenden „main-clause“. Der nächste Schüler beginnt wieder mit einem „if-clause“ usw.

Hinweis(e)

Der Fokus bei dieser Übung liegt auf der grammatischen Richtigkeit des Konditionals. Achten Sie daher darauf und korrigieren Sie, falls notwendig.

Reflexion

Abschließend können Sie den Fokus auf die Ideen der Schüler lenken. Hat man als Berühmtheit mehr Einfluss auf das Weltgeschehen? Kann man als Berühmtheit mehr im Leben erreichen? Oder muss man vielleicht gar nicht bekannt sein, um etwas zu verändern?

Inhaltliche Weiterführung

Lassen Sie die Schüler beispielsweise ein Gedicht oder einen Liedtext darüber formulieren, was sie ändern würden, wenn sie in einer mächtigen Position wären. Z. B.: „If I were the chancellor of Germany ...“ oder: „If I were the principal of my school ...“

Through the keyhole 1/2

Ziel	thematische Motivation: Unterrichtseinheit über eine bekannte Person
Kompetenzen	Bildinhalte beschreiben und darüber sprechen
Alter	9.–10. Klasse
Dauer	ca. 5 Minuten
Material/Medien	Schlüsselloch-Schablone S. 77, Folie mit Bild von bekannter Person
Vorbereitung	Schlüsselloch-Schablone kopieren und ausschneiden

Beschreibung

1. Legen Sie eine Folie mit dem Bild einer bekannten Person auf. Verdecken Sie es mit der Schlüsselloch-Schablone, sodass nur ein kleiner Bildausschnitt zu sehen ist.
2. Die Schüler besprechen leise mit ihrem Nachbarn, welche Details sie in dem Ausschnitt erkennen können und um welche Person es sich handeln könnte.
3. Warten Sie ca. eine halbe Minute. Zeigen Sie dann einen anderen Bildausschnitt. Die Schüler raten wie oben beschrieben weiter.
4. Nach einigen Runden bitten Sie die Schüler, ihre Hypothesen vorzustellen, wer die abgebildete Person sein könnte. Sie sollen ihre Antworten mit Bilddetails, Hintergrundwissen usw. begründen.

Variante(n)

➤ Zeigen Sie das Bild auf einem interaktiven Whiteboard. In der dazugehörigen Software lässt sich eine Schlüsselloch-Schablone (bzw. andere Formen) auswählen, um so das Bild zu verdecken.

➤ Bitten Sie die Schüler, für die Stunde selbst Fotos von bekannten Personen mitzubringen (z. B. Sportler, bekannte Wissenschaftler, bekannte Briten/US-Amerikaner usw.) und eine Schlüsselloch-Schablone auszuschneiden. Sie legen diese einem Partner vor und raten gegenseitig, um wen es sich in der Abbildung handelt (Schritte 1–3).

➤ Wiederholen Sie ggf. zu Beginn die notwendigen Redemittel.

Hinweis(e)

Achten Sie bei der Auswahl darauf, ein möglichst detailreiches Bild zu wählen, damit Sie den Schülern verschiedene Hinweise geben können.

Reflexion

Diskutieren Sie mit den Schülern darüber, welche Bilddetails verraten, dass es sich bei der abgebildeten Person um eine bekannte Person handelt (Mikrofon, Symbole …).

Inhaltliche Weiterführung

Diese Übung kann ein neues Unterrichtsthema einleiten, in dem Sie ein entsprechendes Foto aussuchen und nach Schritt 4 überleiten.

*Please copy this page. Then cut out the black keyhole.
Depending on the size of your image you may want to
reduce or blow up the size of the keyhole.*

© Verlag an der Ruhr | Autorinnen: L. Armbrust, S. Müller, E. Wilden | ISBN 978-3-8346-2398-0 | www.verlagruhr.de

**Useful
phrases**

From this detail I can see a .../There is a .../There are ...
In the foreground .../In the background ...
On the left .../On the right .../In the middle ...
She has got .../He wears ...
I think this is ... because ...
I guess she is someone who ...
He looks as if he was ...

Strip lotto 1/2

Ziel	übende Wiederholung: geschichtliche Ereignisse
Kompetenzen	historische Ereignisse kennen
Alter	9.–10. Klasse
Dauer	ca. 10 Minuten
Material/Medien	Papierstreifen
Vorbereitung	—

Beschreibung

1. Jeder Schüler bekommt einen Papierstreifen, nicht höher als 1 cm.
2. Auf diesen Papierstreifen schreiben die Schüler nebeneinander fünf Jahreszahlen, über den ganzen Streifen verteilt. Die Jahreszahlen stehen für ein historisches Jahr. Am besten haben Sie eine Liste mit Ereignissen und Jahreszahlen vorbereitet. (Eine beispielhafte Liste finden Sie auf S. 79.) Die Schüler dürfen aus dieser Liste Jahreszahlen wählen. Dann wird sie verdeckt.
3. Ein Schüler kommt nach vorne und beschreibt (mithilfe der Liste oder auch ohne) eines der historischen Ereignisse so ausführlich wie möglich, ohne dabei die Jahreszahl zu nennen.
4. Alle anderen Schüler überprüfen, ob sie die dazugehörige Jahreszahl auf ihrem Papierstreifen rechts oder links am Rand stehen haben. Sollte dies der Fall sein, dürfen sie diese Jahreszahl abreißen.
5. Dies wiederholt sich, bis der erste Schüler alle Jahreszahlen abreißen konnte und somit der Gewinner ist.

Variante(n)

➤ Als Hausaufgabe für diese Stunde können Schüler wichtige Jahreszahlen zu einem vorgegebenen Ereignis herausfinden und diese für das Spiel nutzen.

➤ Um Jahreszahlen neu einzuführen, können Sie die Liste mit Jahreszahlen und Ereignissen auch allen Spielenden zur Verfügung zu stellen. Die Schüler wählen fünf Jahreszahlen aus und Sie nennen die Ereignisse. Die Schüler reißen rechts oder links eine Jahreszahl ab.

Hinweis(e)

Geschichtliches Hintergrundwissen oder Jahreszahlen können teilweise sehr belanglos bzw. abstrakt auf die Schüler wirken. Mit einfachen Spielen wird das sture Auswendiglernen von Zahlen aufgelockert und vielleicht bleiben die Zahlen im Gedächtnis haften.

Reflexion

Je nach Thematik kann über die historische Bedeutung der Ereignisse gesprochen werden.

Inhaltliche Weiterführung

Inhaltlich sollte sich die Stunde um eines der geschichtlichen Ereignisse von der zuvor eingeführten Liste drehen.

A short history of the USA

1565 _____ First permanent European settlers arrive in North America.

1607 _____ Jamestown, Virginia is founded by English settlers, who begin to grow tobacco.

17th–18th century _____ Hundreds of thousands of Africans are brought over and sold into slavery.

1776 _____ American Declaration of Independence

1787 _____ Founding Fathers sign the Constitution of the United States of America.

1789 _____ George Washington is elected first president.

1791 _____ The Bill of Rights guarantees individual freedom.

1808 _____ The Atlantic slave trade is abolished.

1920 _____ Women are given the right to vote.

1929 _____ The Great Depression begins.

1941 _____ Japanese warplanes attack US fleet at Pearl Harbour in Hawaii.

1954 _____ The racial segregation in schools becomes unconstitutional.

1963 _____ President John F. Kennedy is assassinated.

1968 _____ Black civil rights leader Martin Luther King is assassinated.

1992 _____ Democratic Party candidate Bill Clinton is elected president.

2001 _____ Suicide attackers crash into the World Trade Centre causing their collapse. Many people die.

2001 _____ The United States fight the Taleban regime and find Osama Bin Laden, who is held responsible for the September 11 attacks.

2005 _____ Hundreds of people are killed in Hurricane Katrina.

2008 _____ The investment bank Lehman Brothers collapses resulting in a bank crisis.

2008 _____ Democratic Senator Barack Obama becomes the first black president of the United States.

Royal Tweet from the Queen 1/2

Ziel	thematische Motivation, Aktivierung von Vorwissen: britische Geschichte
Kompetenzen	wesentliche Aussage eines Texts erkennen und dazu Stellung nehmen
Alter	9. – 10. Klasse
Dauer	ca. 10 Minuten
Material/Medien	Folie S. 81; Wörterbücher
Vorbereitung	—

Beschreibung

1. Zeigen Sie den Schülern den Tweet auf Folie und erläutern Sie dessen Hintergrund: Er wurde während der Olympischen Spiele in London 2012 von jemandem unter dem Namen Elizabeth Windsor (@Queen_uk) in Twitter™ verschickt. Zum historischen Hintergrund siehe Hinweise.
2. Fordern Sie die Schüler auf, den Tweet mithilfe der Wörterbücher im Think-Pair-Share-Modus (siehe Hinweise) zu übersetzen und den Witz zu erklären.

Variante(n)

Lassen Sie die Schüler diskutieren, ob diese Nachricht tatsächlich von Queen Elizabeth II. getwittert wurde (was nicht der Fall ist). Lenken Sie die Diskussion auf die Frage der Authentizität bzw. der Zuverlässigkeit von Twitter™-Nachrichten.

Hinweis(e)

Zum Tweet:

Twitter™ (auf deutsch: Gezwitscher) gehört zu den sozialen Netzwerken im Internet und ist eine Art Mischung aus SMS und Blogs: Man kann darin 140 Zeichen lange Kurznachrichten, sogenannte Tweets, versenden, die von allen Twitter™-Nutzern gelesen werden können. Das Tweet nimmt Bezug auf zwei Ereignisse der jüngsten und der jüngeren Geschichte Großbritanniens:

Im Sommer 2012 fanden in London die Olympischen Sommerspiele statt. Sebastian (Seb) Coe, ein britischer Leichtathlet, war Vorsitzender des Organisationskomitees. Das Team Großbritannien schnitt insgesamt sehr erfolgreich mit dem dritten Platz im Medaillenspiegel ab.

Im Segelwettbewerb der Männer („Star class") gewann das britische Team am 05.08.2012 „nur" die Silbermedaille, weil es nach sicher geglaubter Führung noch gegen das schwedische Team verlor.

Die Royal Navy ist die Kriegsmarine des Vereinigten Königsreichs. Sie hat in der Geschichte Großbritanniens sowohl in der Landesverteidigung als auch in der imperialistischen Expansion des British Empires stets eine besondere Rolle gespielt. Queen Elizabeth II. ist als Souverän auch „Head of the Armed Forces".

Zum Think-Pair-Share-Modus:
Im Think-Pair-Share-Modus überlegt sich jeder Schüler zunächst allein die Antwort auf eine Frage bzw. die Lösung eines Problems (*think*), bespricht sich dann mit einem Partner (*pair*) und erst dann wird das Thema in der gesamten Klasse besprochen (*share*). Auf diese Weise hat jeder Schüler die Zeit und Gelegenheit, kurz eigenständig zu überlegen und sich die Worte zurechtzulegen. Anschließend können die Schüler sich mit einem Partner austauschen, sodass die Hemmschwelle sinkt, zuletzt vor der ganzen Klasse etwas in der Fremdsprache zu sagen. Die Methode ist dem kooperativen und selbstregulierenden Lernen förderlich.

Reflexion Regen Sie die Schüler an, zu reflektieren, welche Informationen sie selbst Twitter™ bzw. anderen sozialen Netzwerken (wie Facebook™ usw.) entnehmen. Diskutieren Sie mit ihnen über die Rolle von Twitter™ für die Verbreitung von Nachrichten, z. B. anhand von Barack Obamas Wiederwahl oder anderen medialen Großereignissen.

Inhaltliche Weiterführung An diese Übung könnte sich eine Leseverstehensübung anschließen, indem Sie Ihre Schüler online den Twitter™-Account von @Queen_uk lesen und nach weiteren Tweets mit Bezug zur britischen Geschichte oder zum aktuellen Tagesgeschehen suchen lassen.
Die Schüler können auch „Retweets" formulieren, z. B. aus schwedischer Perspektive mit einem erfundenen Twitter-Account, wie @carl-gustav oder @victoria.

© Verlag an der Ruhr | Autorinnen: L. Armbrust, S. Müller, E. Wilden | ISBN 978-3-8346-2398-0 | www.verlagruhr.de

The past is a foreign country

Ziel	Aktivierung von Vorwissen: geschichtliches Thema, Perspektivwechsel üben
Kompetenzen	eine Diskussion führen und seinen Standpunkt darlegen
Alter	9.–10. Klasse
Dauer	ca. 10 Minuten
Material/Medien	—
Vorbereitung	ggf. Redemittel vorbereiten

Beschreibung

1. Schreiben Sie dieses Zitat des britischen Autors Leslie Poles Hartley an die Tafel: „The past is a foreign country: they do things differently there."
2. Fordern Sie die Schüler auf, das Zitat nach der Think-Pair-Share-Methode (s. S. 81) zur übersetzen und in ihren eigenen Worten auf Englisch zu erklären.
3. Lenken Sie das Klassengespräch auf ein landeskundlich-historisches Thema, welches Sie aktuell mit der Klasse bearbeiten. Diskutieren Sie mit den Schülern, welche Relevanz das Zitat in diesem Zusammenhang hat. Schreiben Sie ggf. einige Redemittel an die Tafel.

Variante(n)

Bitten Sie die Schüler, andere ihnen bekannte historische Ereignisse zu nennen, die das Zitat belegen.

Hinweis(e)

Das Zitat, welches fast sprichwörtliche Berühmtheit erfahren hat, ist der erste Satz aus dem Roman „The Go-Between" von 1953. Darin kommt der Perspektivenwechsel zum Ausdruck, der bei der Beschäftigung mit historischen Ereignissen – genau wie beim Reisen oder bei interkulturellen Begegnungen – von großer Bedeutung ist: So wie man sich beim Reisen mit den Gepflogenheiten und Gebräuchen des Gastlandes befasst, so ist es auch bei der Beschäftigung mit der Vergangenheit notwendig, zu verstehen, weshalb die Menschen zu dieser Zeit anders handelten oder dachten, als es in der Gegenwart üblich ist.

Reflexion

Bitten Sie die Schüler, von Reiseerlebnissen zu erzählen, bei denen ihnen ungewohnte Handlungs- oder Denkweisen begegnet sind.

Oder bitten Sie sie, z. B. in multikulturellen Klassen, von ihren Erfahrungen mit unterschiedlichen Gebräuchen oder Traditionen zu erzählen.

Achten Sie bei beiden Themen darauf, dass die Diskussion nicht in der Verfestigung von Stereotypen mündet oder es zu verletzenden Äußerungen kommt.

Inhaltliche Weiterführung

Diese Übung könnte das Lesen eines landeskundlich-historischen Texts oder das Ansehen eines Dokumentarfilms vorbereiten.

Scientific progress – true or false? 1/2

Ziel	Aktivierung von Vorwissen: wichtige Erfindungen
Kompetenzen	Hörtechniken auf Textarten anwenden
Alter	9.–10. Klasse
Dauer	ca. 10 Minuten
Material/Medien	Vorlage S. 83
Vorbereitung	—

Beschreibung

1. Sie lesen jeweils eine Behauptung von der Vorlage vor. Lesen Sie langsam und deutlich und wiederholen Sie die Behauptung, wenn nötig.
2. Die Schüler notieren, ob sie glauben, dass die Behauptung wahr oder falsch sei.
3. Abschließend klären Sie auf, welche Behauptungen stimmen und welche nicht (Lösungen S. 95).

Variante(n)

Als Hausaufgabe für diese Stunde können die Schüler eigene Behauptungen zu wichtigen Erfindungen oder Entdeckungen aufstellen und diese zum Unterricht mitbringen.

Hinweis(e)

Bei dieser Aufgabe ist das Hörverständnis der Schüler in einem hohen Maße gefordert. Sollten Ihre Schüler damit Schwierigkeiten haben, empfiehlt es sich, die Vorlage vorher zu kopieren und den Schülern vorzulegen.

Reflexion

Besprechen Sie, welche Bedeutung Erfindungen und Entdeckungen für unser heutiges Leben haben. Auf welche Erfindung würden Ihre Schüler am wenigsten verzichten wollen?

Inhaltliche Weiterführung

Die Schüler könnten sich in dieser Stunde weiter mit bedeutenden Erfindungen beschäftigen. Dafür können sie z. B. im Internet Fakten zu einer Erfindung recherchieren und dann vorstellen. Denkbar ist aber auch, dass sie sich darüber Gedanken machen, welche Erfindungen noch gemacht werdet sollten, und darüber spekulieren.

Scientific progress – true or false? 2/2

✏️ **Tick the box you think is correct:**

	true	false
1. Microscope lens maker Anton Van Leeuwenhoek finds by accident microorganisms in a drop of water.	☐	☐
2. Jan Ingenhousz discovers that plants react to sunlight in the same way than to shade.	☐	☐
3. Dmitry Mendeleyev writes the periodic table of the elements and foresees the existence of elements that have not then been discovered.	☐	☐
4. Marie and Pierre Curie discover the elements polonium and radium.	☐	☐
5. William Harvey discovers that blood circulates through the body and names the lungs as the organ responsible for pumping the blood.	☐	☐
6. Wilhelm Roentgen accidentally discovers X-rays as he does experiments with the radiation from cathode rays (electron beam).	☐	☐
7. Alexander Fleming discovers penicillin.	☐	☐
8. Newton uses a prism to split white light into its colours and a lens to mix those colours into black light.	☐	☐

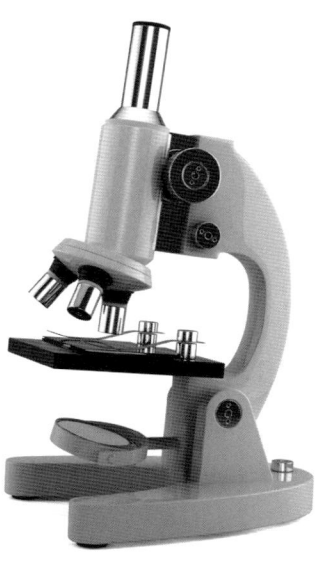

© Verlag an der Ruhr | Autorinnen: L. Armbrust, S. Müller, E. Wilden | ISBN 978-3-8346-2398-0 | www.verlagruhr.de

Appetizer Englisch Klasse 9/10 © DeCe; © Sashkin – alle Fotolia.com

Holiday dreaming

Ziel	wichtige Merkmale von Reisezielen kennenlernen
Kompetenzen	Aussagen, Fragen und Aufforderungen verstehen und formulieren
Alter	9.–10. Klasse
Dauer	ca. 10 Minuten
Material/Medien	—
Vorbereitung	—

Beschreibung

1. Jeder Schüler überlegt sich ein Reiseland.
   Ein Schüler kommt nach vorn.
2. Der Rest der Klasse stellt diesem Schüler Ja-Nein-Fragen.
   Der Schüler gibt entsprechend Antwort.
   Beispiel:
   „Do you speak English there?" „No".
   „Can you travel there by car?" „Yes."
   „Is it warmer than in Germany?" „Yes."
   „Are there a lot of beaches?" „Yes."
   „Can you visit the Pantheon?" „No."
   „Is it Spain?" „Yes."
3. Wenn die Klasse das Land erraten hat, kommt ein neuer Schüler nach vorne und das Prozedere wiederholt sich.

Variante(n)

Das Ja-Nein-Spiel lässt sich auch in kleineren Schülergruppen spielen.

Hinweis(e)

Sollten die Schüler keine Ideen haben, was sie fragen könnten, kann man zuvor an der Tafel notieren, wonach man fragen kann: language, weather, geography, flight distance, attractions usw. In dem Zuge kann es auch hilfreich sein, wichtige Satzanfänge zu notieren: „Do people speak …?" „Is the weather…?" „Is the country located in the North/South/West/East of …?" „Do you need to take the … to get there?" „Can I visit/see …?"

Reflexion

Welchen Stellenwert hat das Reisen in unserer Gesellschaft? Welche Reisegewohnheiten herrschen in der Klasse vor? Warum verreisen wir eigentlich?

Inhaltliche Weiterführung

Inhaltlich sollte die Stunde zum Thema Reisen weitergeführt werden. Es bietet sich an, einen Reisebericht für die letzten Ferien zu schreiben, oder, falls die Schüler nicht verreist sein sollten, eine Reiseempfehlung für ein Land zu schreiben, in das sie gerne verreisen würden.

Where in the world is ... 1/2

Ziel	Aktivierung von Vorwissen: bekannte Sehenswürdigkeiten
Kompetenzen	Informationen erfragen und weitergeben
Alter	9.–10. Klasse
Dauer	ca. 5 Minuten
Material/Medien	Folie S. 87
Vorbereitung	—

Beschreibung

1. Legen Sie die Folie mit der Weltkarte auf.
2. Fragen Sie „Where in the world is …?" und nennen Sie eine bekannte Sehenswürdigkeit (z. B. Niagara Falls, Ayers Rock, Statue of Liberty, Big Ben, Mount Kilimanjaro, Taj Mahal).
3. Die Schüler raten nun, wo sich diese Sehenswürdigkeit befindet, indem sie sie auf der Karte zeigen und dazu erklären, was sie darüber wissen (z. B. in welchem Land, Aussehen usw.).
4. Wer richtig geraten hat, fragt nach der nächsten Sehenswürdigkeit.

Variante(n)

➤ Fragen Sie nach großen Städten bzw. Ländern.
➤ Erhöhen Sie den Schwierigkeitsgrad, indem Sie nach weniger touristischen Orten fragen.
➤ Fordern Sie die Schüler auf, in Kleingruppen zu arbeiten: Ein Schüler denkt sich einen Ort aus, an dem er gerade Urlaub macht, und die anderen raten, wo er sich gedanklich befindet und was er dort tut.

Hinweis(e)

Achten Sie bei der Lokalisierung der verschiedenen Orte darauf, dass die Schüler die entsprechenden Redemittel nutzen.

Reflexion

Sprechen Sie über Sinn und Zweck und verschiedene Motive des Reisens.

Inhaltliche Weiterführung

Die Übung kann eine landeskundliche Einheit vorbereiten.

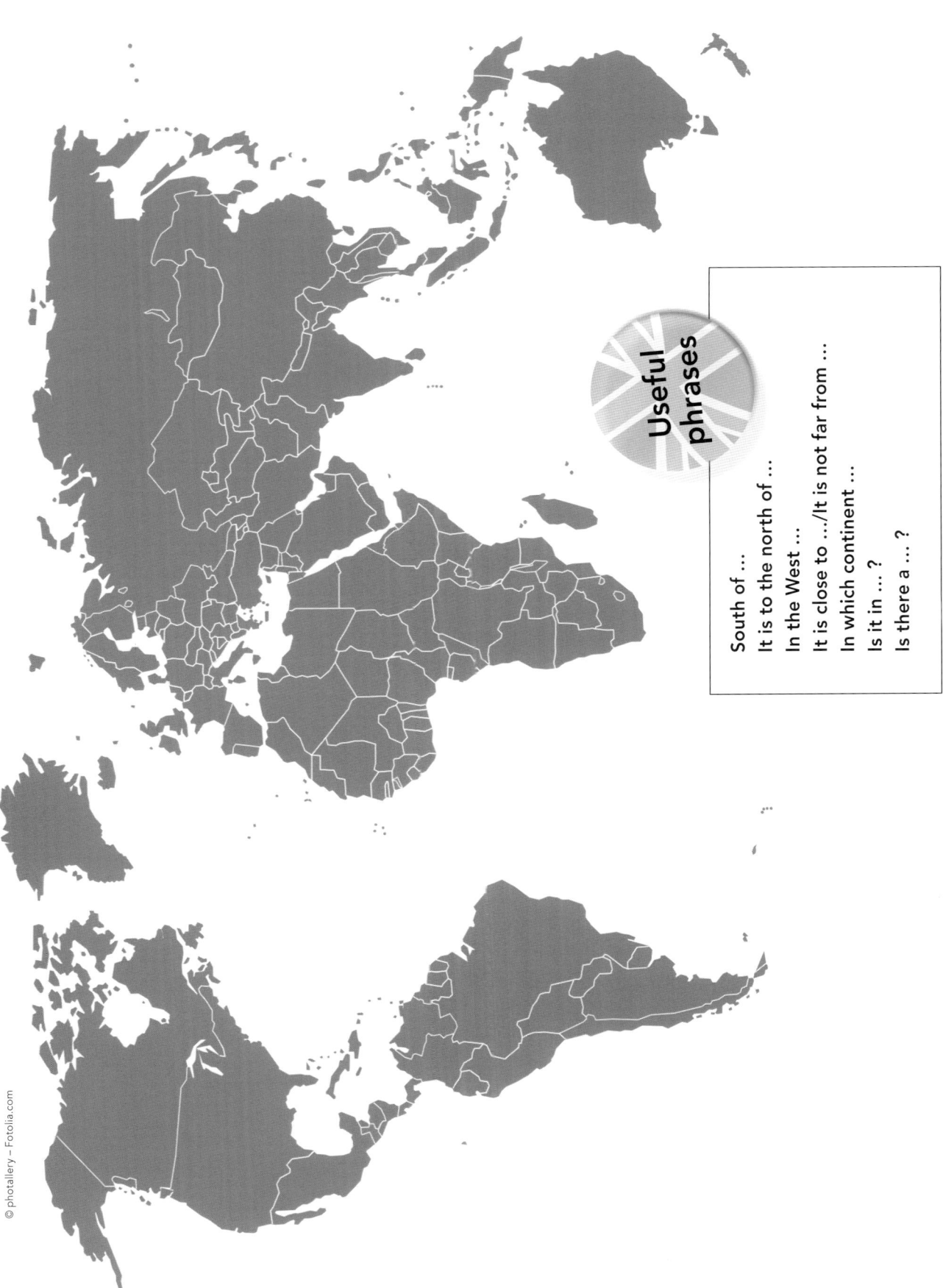

Useful phrases

South of ...
It is to the north of ...
In the West ...
It is close to .../It is not far from ...
In which continent ...
Is it in ...?
Is there a ...?

Only you

Ziel	thematische Motivation/übende Wiederholung:
	erster Urlaub ohne Eltern
Kompetenzen	eigene Pläne begründend erklären
Alter	9.–10. Klasse
Dauer	ca. 10 Minuten
Material/Medien	—
Vorbereitung	—

Beschreibung

1. Stellen Sie im Sinne der Methode „Blitzlicht" (siehe Hinweise) den Schülern Fragen über ihre Wünsche hinsichtlich ihrer individuellen Traumreiseländer:
   a. Where do you want to go?
   b. Why do you want to go there?
   c. What do you want to do there?
   d. How will you get there?
2. Die Schüler sollen möglichst zügig reihum einzeln und nacheinander auf all Ihre Fragen sukzessive antworten.

Variante(n)

➤ Sie können nach der ersten Frage („Where") entsprechende Gruppen bilden lassen, die ein gemeinsames Reiseland als Wunsch haben. Bei der nächsten Frage („Why") soll sich dann die Gruppe darauf einigen, welche Gründe es für das „Warum" gibt usw.

➤ Je nach Leistungsstand der Klasse können Sie vorab die Schüler bitten, sich zu den Fragen Gedanken zu machen, damit die Blitzlicht-Runde zügig vonstattengehen kann.

Hinweis(e)

Mittels der Blitzlicht-Methode soll eine Momentaufnahme der Meinung oder Wünsche der Schüler abgebildet werden, welche sie in einem kurzen Satz/einem Wort spontan kundtun.
Lassen Sie sich zwischen den einzelnen Fragen nicht zu lange Zeit – dies erhöht den Eifer der Schüler und fordert ihre ungeteilte Aufmerksamkeit.

Reflexion

Halten Sie mit Ihren Schülern fest, welches das Traumreiseland Nummer 1 ist, und erörtern Sie, warum dies so ist und welche Dinge bei der Planung einer entsprechenden Reise beachtet werden müssen.

Inhaltliche Weiterführung

Im Anschluss bietet es sich an, die Schüler in Recherchearbeit eine Reise planen zu lassen.

Everyone's rights 1/2

Ziel	Verknüpfung von Bekannten mit neuem Stoff am Beispiel der Menschenrechte
Kompetenzen	Hörtechniken auf Textarten anwenden
Alter	9.–10. Klasse
Dauer	ca. 10 Minuten
Material/Medien	Kreppband, Karten von Vorlage S. 90, Wörterbücher
Vorbereitung	Papierkarten kopieren und ausschneiden

Beschreibung

1. Befestigen Sie die ausgeschnittenen Papierkarten mit den Satzteilen der Menschenrechte mit Kreppband auf den Rücken der Schüler.
2. Die Schüler dürfen sich frei im Raum bewegen. Sie finden sich in Paaren zusammen und lesen sich gegenseitig vor, was sie auf dem Rücken stehen haben.
3. Sollten die Schüler erkennen, dass die Satzteile auf ihren Rücken zusammengehören, entfernen sie die Zettel von den Rücken und versuchen gemeinsam, ggf. mithilfe eines Wörterbuches, das Menschenrecht zu übersetzen und zu verstehen.
4. Abschließend präsentieren die Schüler ihr Menschenrecht vor der gesamten Klasse; einmal auf Englisch und anschließend je nach Leistungsstand entweder in der deutschen Übersetzung oder einer englischen Erklärung.

Variante(n)

➤ Die Karten können auch als einfaches Memory®-Spiel genutzt werden.

➤ Sollten die Schüler sich bereits ausgiebig mit den Menschenrechten befasst haben, dann kann man die Kärtchen auch so gestalten, dass auf einem Kärtchen jeweils nur „Article 1" steht und auf dem anderen Kärtchen entsprechend „All human beings are born free …" usw.

Hinweis(e)

Einige Schüler werden es nicht mögen, etwas auf ihrem Rücken kleben zu haben, von dem sie nicht wissen, was es ist. Bitten Sie sie darum, Ihnen zu vertrauen und ihre Neugier zu zügeln. Die Schüler sollen nach Möglichkeit ihre Karten nicht abreißen oder beschreiben. Die Vokabelhilfen können in leistungsstärkeren Klassen abgetrennt werden.

Reflexion

Welche Rolle spielen die Menschenrechte in unserem alltäglichen Leben? Bei welchen Rechten gibt es Probleme mit der Umsetzung? Wo seht ihr vielleicht Widersprüche? Gibt es Unterschiede in der Einhaltung der Rechte in verschiedenen Ländern?

Inhaltliche Weiterführung

Thematisch soll in der Stunde weiter an die Menschenrechte angeknüpft werden. Textbeispiele mit Problemdarstellungen bei der Umsetzung der Rechte ermöglichen inhaltliche Ansätze.

The Universal Declaration of Human Rights

Article 1: All human beings are born free and equal in dignity …

equal = gleich, dignity = Würde

… and rights. They are endowed with reason and conscience and should act towards one another in a spirit of brotherhood.

endowed = ausgestattet, reason = Vernunft, conscience = Gewissen, brotherhood = Brüderschaft

Article 2: Everyone is entitled to all the rights and freedoms set forth in this Declaration, without distinction of any kind, such as race, colour, sex, language, religion, political or other opinion, national or social origin, property, birth or other status. Furthermore, no distinction …

entitled = berechtigt, set forth = verkündet, distinction = Unterscheidung, sex = Geschlecht, origin = Herkunft, property = Besitz

… shall be made on the basis of the political, jurisdictional or international status of the country or territory to which a person belongs, whether it be independent, trust, non-self-governing or under any other limitation of sovereignty.

jurisdictional = gerichtlich, to belong to = zugehören, independent = unabhängig, trust = Treuhandschaft, non-self-governing = ohne eigenständige Regierung, limitation of sovereignty = eingeschränkte Souveränität

Article 3: Everyone has the right to life, liberty …

liberty = Freiheit

… and security of person.

security = Sicherheit

Article 4: No one shall be held in slavery or servitude; …

slavery = Sklaverei, servitude = Leibeigenschaft

… slavery and the slave trade shall be prohibited in all their forms.

prohibited = verboten

Article 5: No one shall be subjected to torture or to cruel, …

subjected to = etwas ausgesetzt, torture = Folter

… inhuman or degrading treatment or punishment.

inhuman = unmenschlich, degrading = erniedrigend, treatment = Behandlung

Article 6: Everyone has the right to recognition everywhere as …

recognition = Anerkennung

… a person before the law.

law = Gesetz

Article 7: All are equal before the law and are entitled with-out any discrimination to equal protection of the law. All are entitled to equal protection against …

law = Gesetz, entitled = berechtigt, equal protection = gleicher Schutz

… any discrimination in violation of this Declaration and against any incitement to such discrimination.

violation = Verletzung, incitement = Aufhetzung

Article 8: Everyone has the right to an effective remedy by the competent national tribunals for acts violating the fundamental …

remedy = Rechtsbehelf, tribunal = Gericht, violating = verletzen, fundamental = grundlegend

… rights granted him by the constitution or by law.

granted = zugesprochen, constitution = Verfassung

(The Universal Declaration of Human Rights, Quelle: www.un.org/en/documents/udhr/index.shtml)

© Verlag an der Ruhr | Autorinnen: L. Armbrust, S. Müller, E. Wilden | ISBN 978-3-8346-2398-0 | www.verlagruhr.de

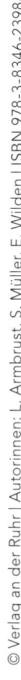

The right to compete 1/2

Ziel	thematische Motivation: die Rechte körperbehinderter Sportler
Kompetenzen	persönliche Meinung ausdrücken und zu den Standpunkten anderer Stellung nehmen
Alter	9.–10. Klasse
Dauer	ca. 10 Minuten
Material/Medien	Folie S. 92
Vorbereitung	—

Beschreibung

1. Zeigen Sie den Schülern das Foto von Oscar Pistorius.
2. Bitten Sie die Schüler zunächst, das Foto zu beschreiben.
3. Fordern Sie sie nun auf, den Kontext des Bildes bzw. die Geschichte von Pistorius (siehe Hinweise) zu erläutern, soweit sie ihnen bekannt ist. Wenn sie nicht bekannt ist, berichten Sie den Schülern den historischen Hintergrund.
4. Fragen Sie nun, ob sie es richtig finden, dass Oscar Pistorius mit Beinprothesen an den olympischen Laufwettbewerben in London 2012 teilnehmen durfte.

Variante(n)

Oscar Pistorius nennt sich selbst nicht „behindert". Er trägt den Spitznamen „The fastest man on no legs". Diskutieren Sie, ob er so anderen Menschen mit Behinderung eher hilft oder schadet.

Hinweis(e)

Oscar Pistorius ist ein Leichtathlet aus Südafrika, dem in frühester Kindheit aufgrund eines Gendefekts beide Beine unterhalb der Knie amputiert wurden. Mithilfe spezieller Karbonprothesen nimmt er an Laufwettbewerben teil und wurde so zu einem erfolgreichen Sprinter. In London 2012 nahm er als erster Mensch in der Geschichte im gleichen Jahr sowohl an den Paralympischen als auch den Olympischen Spielen teil. Letzteres wurde zum Teil kritisch hinterfragt, da die Karbonprothesen des Sportlers einen unfairen technischen Vorteil gegenüber den anderen Läufern darstellten. Das Foto zeigt Oscar Pistorius bei den Paralympics 2012. Nutzen Sie aktiv das Vorwissen der Schüler über Pistorius im Zusammenhang mit der Mordanklage gegen ihn im Frühjahr 2013. Achten Sie darauf, dass die Schüler während der Bildbeschreibung noch nicht den Kontext des Fotos erklären oder Stellung dazu nehmen (Verdeutlichung Unterschied Bildbeschreibung/-analyse).

Reflexion

Diskutieren Sie, welche Hindernisse es für körperbehinderte Menschen im Umfeld der Schule oder in Ihrer Stadt gibt.

Inhaltliche Weiterführung

Die Übung könnte eine Textproduktion im Themenfeld „Rechte" vorbereiten.

The right to compete 2/2

Oscar Pistorius

© Verlag an der Ruhr | Autorinnen: L. Armbrust, S. Müller, E. Wilden | ISBN 978-3-8346-2398-0 | www.verlagruhr.de

Ziel	Verknüpfung von Bekanntem mit neuem Stoff: Zitate zum Thema „Rechte"
Kompetenzen	Informationen austauschen und persönliche Meinung ausdrücken
Alter	9.–10. Klasse
Dauer	ca. 10 Minuten
Material/Medien	Folie S. 94
Vorbereitung	—

Beschreibung

1. Wählen Sie eines der Zitate aus und geben Sie es den Schülern vor.
2. Erklären Sie die Methode „Kugellager" (siehe Hinweise).
3. Lassen Sie den Schülern Zeit, um sich das Zitat zu erschließen.
4. Fordern Sie die Schüler auf, sich im Kugellager über das vorgestellte Zitat auszutauschen und Stellung zu beziehen.

Variante(n)

➤ In Abhängigkeit vom Leistungsstand der Lerngruppe können Sie die Schüler bitten, sich vorab schriftlich Gedanken zum präsentierten Zitat zu machen, damit die auf Kommunikation ausgelegte Methode des Kugellagers nicht ins Stocken gerät.

➤ Verschiedene Gruppen können verschiedene Zitate behandeln.

➤ Das Thema „Freedom" lässt sich ebenfalls im fächerübergreifenden Unterricht sowie in fächerübergreifenden Diskussionen thematisieren, z. B. in Politik oder Geschichte.

Hinweis(e)

Die Methode „Kugellager" ist eine auf Kommunikation ausgelegte Methode, bei der sich die Schüler paarweise in einem Kreis gegenüberstehen und sich über ihre Meinung austauschen. Nach einem Signal rotiert die eine Hälfte der Schüler (innerer oder äußerer Kreis) weiter, sodass sie jeweils einem neuen Partner gegenüberstehen. Spätestens, nachdem die Schüler wieder bei ihrem ersten Kommunikationspartner angelangt sind, beenden Sie diese Methode. So gewährleisten Sie die Sprechzeit aller Schüler.

Reflexion

Besprechen Sie mit den Schülern das Zitat im Anschluss an das Kugellager und unterstützen Sie die Diskussion mit Nachfragen, wie z. B.:

• „Do you know any countries where this quote does not count? Why?"

• „What must be done to respect the human rights?"

• „Do you think this quote is respected in Germany?"

Inhaltliche Weiterführung

Lassen Sie die Schüler einen Aspekt ihrer Wahl aus der Diskussion aufgreifen und schriftlich erörtern.

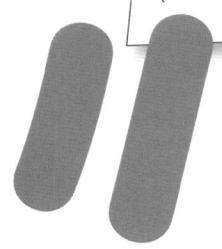

„All human beings are born free and equal in dignity and rights."
(The Universal Declaration of Human Rights, www.un.org/en/documents/udhr/index.shtml)

„The only security of all is in a free press."
(Thomas Jefferson, former president of the United States of America,
main author of the Declaration of Indepence, Letter to Marquis de la Fayette [November 4, 1823]; in: The Writings of Thomas Jefferson, Memorial Edition [ME] [Lipscomb and Bergh, editors], 20 Vols. Washington, D.C., 1903-04, Volume 15, page 491)

„The great revolution in the history of man, past, present and future, is the revolution of those determined to be free."
(John F. Kennedy, former president of the United States of America, message to Chairman Khrushchev concerning the meaning of events in Cuba, April 18, 1961, www.presidency.ucsb.edu/ws/?pid=8070)

„You have seen how a man was made a slave;
you shall see how a slave was made a man."
(Frederick Douglass, former slave and author lateron, died in 1895, The Narrative of the Life of Frederick Douglass, an American Slave, chapter 10, www.americanliterature.com/author/frederick-douglass/book/a-narrative-on-the-life-of-frederick-douglass-an-american-slave/chapter-10)

„A man is but the product of his thoughts.
What he thinks, he becomes."
(Mahatma Gandhi, leader of the Indian resistance, fighting for freedom, Ethical Religion, (Madras: S. Ganesan, 1922), Chapter 6, p. 61)

„The government is us; we are the government, you and I."
(Theodore Roosevelt, former president of the United States of America, Meyers, R. C. V. [1902]. Theodore Roosevelt, patriot and statesman: the true story of an ideal American, Speech at Asheville, North Carolina [9 September 1902], p. 521, P. W. Ziegler & Co.)

„Those who deny freedom to others deserve it not for themselves."
(Abraham Lincoln, former president of the United States of America, in Britannica Encyclopdia: www.britannica.com/EBchecked/topic/341682/Abraham-Lincoln/341682suppinfo/Supplemental-Information)

© Verlag an der Ruhr | Autorinnen: L. Armbrust, S. Müller, E. Wilden | ISBN 978-3-8346-2398-0 | www.verlagruhr.de

Lösungen / Medientipps

Lösungen

Crazy language, S. 12

1.
1) My mother cooks soup every other day.
2) Ben, my brother, likes to play the piano.
3) My cousin Gill climbs faster than a squirrel.
4) My nephew cries when he is sad.
5) His grand-ma plays the cello but not very nice.
6) Her grandchildren play football on Sundays.
7) My aunt sings in a choir.
8) And my uncle hates to listen to music.

2.
1) My mum is 46 years old.
2) My nephew plays the guitar very well.
3) My grandma likes to dance at parties.
4) Eric,my brother, is always tired after school.
5) My sister has a hamster and likes it very much.
6) Dad always watches TV for hours.
7) But my uncle does not watch TV at all.
8) His wife says that watching TV is bad for his eyes.

Scientific progress – true or false?, S. 84

1. true; 2. false, they react differently; 3. true; 4. true; 5. false, it is the heart; 6. true; 7. true;
8. false, bundling coloured light makes white light again

Medientipps

Viola Beyer-Kessling u.a.:
Fundgrube – Sekundarstufe I und II:
Fundgrube Englisch handlungsorientiert.
Cornelsen Scriptor, 2007.
ISBN 978-3-5892-2184-4

Amy Buttner:
100 Methoden für den Englischunterricht.
Ideen zur Förderung der mündlichen und
schriftlichen Sprachkompetenz.
Verlag an der Ruhr, 2012.
ISBN 978-3-8346-2275-4

Christine Grieser-Kinel u.a.:
Method Guide:
Schüleraktivierende Methoden für den
Englischunterricht in den Klassen 5 – 10.
Schöningh Verlag, 2006.
ISBN 978-3-1404-1262-9

Christian Häffner:
Don't be shy – just try!
Dialogue cards for active English lessons.
Verlag an der Ruhr, 2012.
ISBN 978-3-8346-0980-9

Marion Schadek-Bätz:
You're not amused?
35 classroom sketches that will make you laugh.
Verlag an der Ruhr, 2012.
ISBN 978-3-8346-2274-4

Engelbert Thaler:
Method Guide:
Kreative Methoden für den Literaturunterricht
in den Klassen 7–12.
Schöningh Verlag, 2009.
ISBN 978-3-1404-1265-0

Verlag an der Ruhr

Postfach 10 22 51
45422 Mülheim an der Ruhr

Telefon 030/89 785 235
Fax 030/89 785 578

bestellungen@cornelsen-schulverlage.de
www.verlagruhr.de

■ 100 Methoden für den Englischunterricht

Ideen zur Förderung der mündlichen und schriftlichen Sprachkompetenz
Kl. 5–10, 254 S., 16 x 23 cm, Paperback, mit bearbeitbaren Word-Dateien zum Download
ISBN 978-3-8346-2275-4

■ Don't be shy – just try!

Dialogue cards for active English lessons
Kl. 5–6, 87 S., A4, Hefter mit Kopiervorlagen
ISBN 978-3-8346-0980-9

■ You're not amused?

35 classroom sketches that will make you laugh
Kl. 5–8, 96 S., A4, Spiralbindung
ISBN 978-3-8346-2274-7

■ 55 Five-Minute-Games

Sprachspiele für den Englischunterricht
Kl. 1–6, 70 S., A5, Paperback
ISBN 978-3-8346-0909-0

■ Besser Englisch lernen trotz Lese-Rechtschreib-Schwäche

Arbeitsblätter, Materialien und Tipps
Kl. 5–7, 81 S., A4, Hefter mit Kopiervorlagen
ISBN 978-3-86072-748-5

■ Grind

12 J., 47 S., 12 x 19 cm, Paperback, farbig
ISBN 978-3-8346-0976-2

■ Joyride

12 J., 47 S., 12 x 19 cm, Paperback, farbig
ISBN 978-3-8346-0978-6

■ „Well done!" – 280 English Stickers

Kl. 1–6, 7 S., A5, 280 Aufkleber
(14 Motive, 14 Sprüche) auf 7 Bögen
ISBN 978-3-8346-2319-5

Englisch mit Spaß und Methode!